"Hacia Adelante en un Mundo en que Sólo se Sobrevive"

Construir sus Recursos para una Vida Mejor

DeVol, Philip E.
    Apuntes para Facilitadores de Hacia Adelante en un Mundo en que Sólo se Sobrevive: Construir sus
    Recursos para una Vida Mejor (Edición Revisada, 2006). viii, Pág. 144.
    Bibliografía págs. 139-143
    ISBN 10: 1-929229-97-6
    ISBN 13: : 978-1-929229-97-0

1.   Educación 2. Sociología 3. Conducta de vida 4. Título

Otros titulos

Bridges Out of Poverty: Strategies for Professionals and Communities
    Ruby K. Payne, Ph.D., Philip DeVol, Terie Dreussi Smith

Un Marco Para Entender La Pobreza
    Ruby K. Payne, Ph.D.

Philip E. DeVol

"Hacia Adelante en un Mundo en que Sólo se Sobrevive"

Construir sus Recursos para una Vida Mejor

RECONOCIMIENTOS

Hacia Adelante en un Mundo Donde Sólo se Sobrevive: Construir sus Recursos para una Vida Mejor está construido en base al trabajo y las ideas de la Dra. Ruby K. Payne. Su descripción de las reglas ocultas de las clases económicas es tan acertada, tan iluminadoras, que las personas de todos los orígenes experimentan un movimiento "ajá" de entendimiento interior cuando la escuchan hablar o leen sus escritos. Reconozco que Ruby me ha dado un fino regalo y una gran responsabilidad al permitirme presentar sus ideas a la gente que vive en la pobreza. Es su enfoque innovador lo que hace único este libro de trabajo.

Desde el tiempo cuando comencé a trabajar con Ruby y con Terie Dreussi en *Bridges Out of Poverty: Strategies for Professionals and Communities*, me preguntaba como podía compartir directamente la información de Ruby con la gente en la pobreza. Me tomó un tiempo y un par de inicios equivocados pero gracias a escritores y pensadores en una amplia variedad de disciplinas, incluyendo gente que vive en la pobreza, las ideas finalmente evolucionaron.

Deseo agradecer a la gente en Mount Vernon, Ohio, quienes se reunieron conmigo en The Harbor por tantas semanas mientras explorábamos formas de utilizar los conceptos de Ruby. Espero que estén contentos con el producto final. La puerta a todo lo que ocurrió fue abierta por Gloria Parsisson y Diana Williams, del Departamento de Trabajo y Servicios a Familias del Condado Knox. Gracias por tomar el riesgo conmigo y a los grupos que conocí en The Harbor.

Gracias también al grupo de Minneapolis, que ensayó mis libros. Ustedes reconocerán su aporte y los cambios que recomendaron. Jodi Pfarr, también de Minneapolis, habló de la teoría, filosofía y la realidad conmigo. Gracias por la honestidad intelectual, así como por su energía.

Mi esposa, Susan, pacientemente leyó y comentó varios de los borradores. La mejor manera que puedo agradecerle fue dejar de escribir y enviar una copia al editor, Dan Shenk. Estoy agradecido con Dan, por entresacar minuciosamente mi prosa y hacer todas las otras tareas que los editores correctores hacen, elevando la calidad del escrito en el proceso. Aún más importante, forzándome a clarificar mi escrito. Gracias a Frieda Probst, cuyo cuidadoso trabajo de diseño fue tan lejos en hacer el libro de trabajo agradable y fácil de usar y estoy seguro de que hablo por todos nosotros cuando agradezco a Peggy Conrad, representante del Proceso aha!, por su estilo competente de administración fluida y bondadosa.

TABLA DE CONTENIDO

Comenzando

Introducción

Hacia Adelante en un Mundo en que Sólo se Sobrevive: Construir sus Recursos para una Vida Mejor es para la gente en los escalones más bajos de la escala económica. Es acerca de construir estabilidad económica. Las personas que lo deseen pueden usar *Hacia Adelante* para construir su propio camino hacia un trabajo mejor remunerado, una vivienda más estable y la habilidad de ahorrar para un día de adversidad y la vejez.

En *Hacia Adelante* estudiamos las clases económicas para comprender mejor como funciona la economía. Este libro de trabajo no es acerca de clases sociales. Clases sociales son sujetas a juicio, comparación y presunción – y esto ocurre en todas las clases económicas. En nuestro libro, una vez que las personas se ubican económicamente, lo demás es simplemente saber seleccionar lo que conducen, lo que visten o la clase de música que bailan.

El objetivo de *Hacia Adelante* es ayudarle a crear su propio camino hacia una vida estable y segura para usted y su familia. Al moverse a través de este libro de trabajo, usted no recibirá un plan ni se le dirá que siga ciertos pasos. Sabemos que toda persona tiene su propia historia y que cada cual es diferente. Por esta razón, es importante que cada persona cree su propio plan. Todos vivimos la historia de nuestra vida. Parte de esa historia proviene de nuestro pasado, de dónde y cómo vivimos, de la gente en nuestras vidas, de la historia y los eventos nacionales o mundiales. Lo que somos hoy se decidió por lo que hicimos ayer; lo que seamos mañana se decidirá por lo que hagamos hoy. Ya sea que lo sepan o no, estamos todos creando nuestra historia futura ahora mismo. Usted puede usar *Hacia Adelante* para ayudar a crear su historia futura.

Photo © 2004 Arthur Meyerson

Dr. Ruby K. Payne

Este trabajo está basado en las ideas de Ruby Payne. Es su marco de referencia y entendimiento de las clases económicas lo que nos muestra como mejorar nuestra situación y nuestras comunidades. Las ideas de Ruby están ayudando a miles de niños que viven en pobreza a que les vaya mejor en la escuela y a miles de trabajadores a hacer un mejor trabajo.

Ruby Payne, Terie Dreussi y yo escribimos *Bridges out of Poverty* a finales de los 90 para la gente que trabaja en agencias de servicio social, industrias de cuidado de salud, el sistema de justicia criminal, salud mental y agencias de tratamiento por abuso de substancias y de desarrollo comunitario. Al comienzo, pasamos la mayoría del tiempo presentando estas ideas a la gente que trabajaba en las agencias. Ahora es tiempo de compartir estas ideas también con la gente que vive en el sector inferior de la escala económica.

Susan and Phil De Vol
Marengo, Ohio

USAR *Hacia Adelante en un Mundo en que Sólo se Sobrevive*

Co-investigar: La persona que dirige su grupo de trabajo ha sido entrenada como facilitador y co-investigador. Cuando actúa como facilitador, él o ella se asegura de que las cosas se hagan con fluidez y que los miembros del grupo terminen todo el libro de trabajo. Como co-investigador, él o ella trabajará con usted (el otro co-investigador) para descubrir y explorar información nueva. Todos podemos aprender unos de otros y podemos ayudar a sacar la información que necesitamos.

Habrá mucha conversación pero poco aleccionamiento. La gente aprende en formas diferentes, así que variaremos los ejercicios que usamos para presentar la información. También trataremos de ser flexibles acerca de como cubrimos la información. Si necesitamos tomar más tiempo en un área y menos en otra, podemos hacerlo sin problema.

Lo que aprenderemos y por qué: Es importante que usted sepa lo que se va a cubrir, por qué es importante y cómo se relaciona con usted. Al comienzo de cada módulo o sección usted encontrará una tabla que explica exactamente eso. A continuación aparece la tabla para esta sección.

Objetivos del aprendizaje

QUE CUBRE	POR QUE ES IMPORTANTE	COMO SE RELACIONA CON USTED
Usted podrá:	Este módulo le permite saber qué esperar de *Hacia Adelante* y del grupo.	Cada módulo comienza con una tabla como ésta para ayudarle a ver donde ha estado usted y hacia donde va. La información y las ideas se construyen a medida que avanzamos.
Conocer a cada uno de los miembros del grupo	Si las sesiones tienen un patrón o estructura, eso las convierte en más seguras para aprender e investigar.	
Aprender acerca de co-investigar		
Aprender como funcionará el taller al usar el *Proceso de Triángulo*	Un patrón que verá mucho es la planificación. Cada sesión comenzará con planificación para darnos práctica en hacer una lista de las cosas que deben hacerse y cerciorarnos de que todo se haga.	
Descubrir acerca de su pago y lo que se espera de usted.		
Hacer reglas y acuerdos sobre las reglas del grupo		

EL TRIANGULO DE "COMO FUNCIONA"

El triángulo que ve abajo es un símbolo o modelo mental que incluye, en forma de cápsula, todo lo que haremos. Describe como podemos cambiar nuestras vidas – como podemos usar *Hacia Adelante* y los planes que creamos para construir seguridad económica para nosotros mismos. El triángulo aparecerá al comienzo de cada módulo para mostrarnos en que sección estamos trabajando. Una que vez haya aprendido lo que significa cada sección del triángulo será una forma rápida y fácil de decirnos dónde estamos, hacia dónde vamos y las relaciones entre las partes. Para entender lo que estamos haciendo, empezaremos en la base del triángulo y trabajaremos hacia la parte superior.

BASE DEL TRIANGULO: CO-INVESTIGACION

Co-investigación es la base del triángulo. Esto significa que cada uno en el grupo es un co-investigador. Conjuntamente, el grupo investigará cada parte del triángulo. Por ejemplo, algunas veces el grupo estudiará asuntos grandes que afectan a toda la gente en la pobreza y otras veces la investigación será acerca de nuestra propia vida. El punto es... cada uno tiene algo que ofrecer y cada uno resuelve sus propias problemas.

EL LADO IZQUIERDO DE LA BASE DEL TRIANGULO: ENTENDER LA POBREZA

En estos módulos encontraremos exactamente lo que significa vivir en pobreza.

MÓDULO 2: Investigaremos la pobreza, como funciona en las vidas de la gente en la base de la escala, y como funciona para nosotros individualmente. Haremos un modelo mental (o dibujo) de "Como es ahora".

Módulo 4: Para entender la pobreza tenemos que estudiar un amplio margen de investigaciones que se hacen sobre asuntos económicos. Esta sección descifra toda la historia. Aprenderemos que la pobreza no es sola acerca de las decisiones que la gente pobre hace. Queremos que los planes que hagamos sean lo suficientemente amplios para cubrir todas las causas de la pobreza.

CENTRO DEL TRIANGULO: 'MARCO DE TRABAJO' DE RUBY PAYNE

Esta es la pieza central de nuestro trabajo. Cuando comprendemos como funcionan las diferentes clases económicas, podremos descubrir lo que necesitamos y como obtenerlo. Utilizaremos las reglas ocultas de la clase económica para construir nuestros recursos.

Módulo 5: Los ricos, la clase media y los pobres... cada grupo tiene sus propias reglas ocultas. Si decidimos que queremos salir de la pobreza, tenemos que saber y usar las reglas escondidas de la clase media.

Módulo 6: Si vamos a construir seguridad económica, tenemos que saber exactamente qué recursos tenemos que mejorar. Esto no es solo acerca de dinero; es acerca de todos los aspectos de nuestra vida. Este módulo define los recursos.

LADO DERECHO DE LA BASE DEL TRIANGULO: ENTENDER DONDE ESTOY

Ahora que hemos investigado la pobreza y aprendido lo que Ruby Payne tiene que decir, es tiempo de aplicar la información a nosotros mismos.

Módulo 7: Si vamos a hacer algo para construir estabilidad económica, ciertamente tenemos que cambiar algunas cosas. Cualquiera que sea el plan que hagamos, debe ser nuestro plan y no el de otro. Este módulo nos muestra como podemos tomar control de nuestros cambios y nos proporciona la forma de verificar lo que estamos haciendo.

Módulo 8: La mayoría de las agencias a las que vamos nos evalúan en alguna forma. Una auto-evaluación es aún más importante porque puede incluir todo, no solo una parte de nuestra vida y la hacemos nosotros mismos, no otra persona.

Módulo 10: En este módulo completamos el trabajo que empezamos en el módulo 4 al hacer una evaluación de los recursos de la comunidad. Esto conducirá a nuestro plan de prosperidad en la comunidad.

SECCION CENTRAL: PODER

En esta sección consideramos el significado de todo lo que hemos aprendido. Cuando vemos el cuadro grande podemos hacer un análisis crítico y hallar lo que significa para nosotros y lo que tenemos que hacer acerca de nuestra situación. Con la información que tenemos, podemos ganar poder en nuestras propias vidas y en nuestras comunidades.

Módulo 3: Cuando vamos a las agencias y al gobierno por ayuda, encontramos que se espera que cambiemos y hagamos planes. La pregunta es... el plan de cambio ¿de quién es? ¿Es nuestro? ¿Nos ayudará el plan a salir de la pobreza? La teoría de cambio o la idea detrás de este libro de trabajo es que debemos hacernos cargo de nuestra propia vida.

Módulo 9: Construir recursos es la única forma de establecer estabilidad económica pero es difícil de hacer. Si fuera fácil, no nos estaríamos reuniendo para esto. Lo que pensemos aquí será utilizado cuando tengamos que hacer nuestros planes individuales.

PARTE DERECHA SUPERIOR DEL TRIANGULO: RESPONSABILIDAD

La gente que tiene el poder es la gente que busca soluciones. Ahora es tiempo para que nosotros tomemos responsabilidad por hallar soluciones en nuestras vidas. En estos módulos hacemos nuestros planes personales para movernos de la pobreza a la prosperidad.

Módulo 11: Aquí es donde trabajamos juntos para construir planes individuales para ganar estabilidad económica. Creamos nuestras historias futuras.

Módulo 12: También podemos resolver los problemas en nuestra comunidad y contribuir a la lucha contra la pobreza y por la prosperidad. Nuestras voces deben ser oídas.

PARTE SUPERIOR DEL TRIANGULO: ACCION

Hacia Adelante está diseñado para llevarlo hacia el punto de acción. Esto es cuando usted toma su conocimiento, discernimiento interno y planes y los pone a trabajar.

NOTA: Los módulos 1 y el 13-15 no están incluidos en el triángulo porque no están relacionados con la teoría de cambio. Ellos cubren la introducción (MODULO 1), el cierre (MODULO 13), y recursos (MODULOS 14 y 15).

PAGOS

A usted se le pagará por investigar está información y desarrollar planes sobre cómo usted y su comunidad pueden luchar contra la pobreza. La cantidad que se le pague estará determinada por el presupuesto de la organización que está desarrollando este taller.

TOMAR PARTE

Sabemos que cada uno tiene experiencias, habilidades y talentos que pueden ser usados para ayudar a otros y a la comunidad; por lo tanto necesitamos que comparta sus ideas, pensamientos y sentimientos con el grupo.

HACERLO SEGURO Y RETADOR

Hacia Adelante va a ser retador. De hecho, sería aburrido si no lo fuera. De otra parte, algunas veces es difícil hablar en grupo, por lo que tenemos que hacerlo seguro para nosotros mismos. Aquí hay unas reglas básicas que ayudarán. Su grupo puede añadir a estas o cambiar la forma en que están escritas – para que funcionen para usted y el grupo.

1. No permitir menosprecio, violencia o amenazas de violencia.
2. Se permite hablar una persona a la vez.
3. Mostrar respeto unos por otros al escuchar cuidadosamente.
4. Lo que se dice aquí se guarda aquí, a menos que alguien específicamente diga algo que puede ser compartido más ampliamente.
5. No dar consejos.
6. Respetar las diferencias.

AREA, ESPACIO Y ESTILOS DE APRENDIZAJE

Esto no es la escuela, así que no lo haga lucir como una escuela. Sentarse alrededor de una mesa o en un círculo le da a cada uno igual espacio y anima la conversación. La gente aprende en formas diferentes, luego no se deben usar mucho el estilo de conferencias. Por el contrario, las discusiones, historias, dibujos y el hacer cosas serán las formas principales de aprender. Algunas veces todo lo que necesitamos es un poco de información para tener el cuadro general. Podemos pasar cerca de la mitad del tiempo tratando de entender los problemas y la otra mitad en estrategias para manejar los problemas.

COMIENCE CADA SESION CON PLANEACION

Vamos a ser flexibles, así que no sabemos exactamente cuanto de cada sesión logramos hacer en el tiempo que tenemos. Eso significa que cada sesión tiene que empezar en planear lo que esperamos hacer en ella.

HACER UNA LISTA DE PROBLEMAS

Algunas veces ocurren tantas cosas en nuestras vidas que tenemos que hablar de ellas. Algunas veces son tantas que podríamos hablar durante toda la sesión. Por eso alguien tiene que escribir los problemas que las personas tienen. La lista de problemas crecerá a medida que las sesiones avanzan. Al final de nuestro tiempo juntos, tendremos una lista de problemas que la gente de bajos recursos tiene, que pueden ser compartidos con la gente que diseña y dirige los programas en la comunidad.

PROBLEMAS PERSONALES Y PRIVADOS

Si algo personal se presenta que pueda interferir con su habilidad de participar en el grupo, solicite hablar en privado con el facilitador.

AL FINAL DE CADA SESION

Repasen lo que se ha hecho y vean que tan cerca han llegado al plan que se había establecido al comienzo de la sesión. Haga una nota de donde comenzar en la siguiente sesión.

HACER UNA LISTA DE LAS COSAS QUE DESEA HACER

A lo largo de la vida usted puede pensar en toda clase de cosas que usted cree que deben ocurrir en la comunidad o en su vida. Estaremos desarrollando planes para las cosas que deben tener un cambio, por lo tanto sugerimos que escriba sus ideas a medida que le lleguen en la sección marcada como REFLEXIONES, que encontrará a lo largo de este libro de trabajo.

MODULO 2

Como Están las Cosas Ahora

ENTENDER LA POBREZA

ACCION
Planes
Pasos de acción   RESPONSABILIDAD
Historias futuras

Análisis crítico
Lo que significa para mí
Teoría de cambio
Como construir recursos

Lo que
es ahora   MARCO DE TRABAJO
Causas de   RUBY PAYNE
la pobreza
ENTENDER   Las reglas   Monitorear   ENTENDER DONDE
POBREZA   de clase   nuestros   ESTOY
                       construir   cambios

Auto-evaluación

Evaluación de la
comunidad

CO-INVESTIGACION

Objetivos del Aprendizaje

QUE CUBRE

Usted podrá:

Aprender qué son los modelos mentales

Investigar como es vivir en la pobreza.

Hacer un modelo mental de "Vida en la Pobreza".

Descubrir la proporción de su deuda e ingreso.

Investigar la información de ingreso y salario.

Hacer un modelo mental de su vida "Como es ahora".

POR QUE ES IMPORTANTE

Es importante comenzar con lo que es REAL. Para hacer eso tenemos que escucharnos los unos a los otros y hacer las preguntas difíciles. Todo lo que usted hace en *Hacia Adelante* está basado en tener un cuadro verdadero de como es su vida.

También es importante que empecemos a investigar los asuntos de la comunidad que auspician la pobreza, tales como la vivienda y los salarios, ya que la pobreza no es solamente acerca de las decisiones que hace un individuo.

Casi toda agencia a la que vaya tiene un plan para usted. Estudiar este libro de trabajo es el primer paso para crear su propio plan.

COMO SE RELACIONA CON USTED

Estos son los primeros modelos mentales que usted creará. Usaremos modelos mentales a lo largo de este libro de trabajo.

El modelo mental de "Cómo es ahora" le mostrará donde está. A fin de poder hacer cambios, usted necesita saber donde está usted ahora.

Es importante que comprenda cuanto necesita ganar por hora para tener estabilidad económica.

INFORMACION DE ANTECEDENTES

Varias veces hemos utilizado las palabras "modelo mental". Ahora debemos definir lo que quere-mos decir, ya que estaremos utilizando modelos mentales de aquí en adelante. A medida que el facilitador comparte esta información, busquen las palabras claves y escríbalas en los espacios en blanco.

Modelos mentales son _____, _____,

_____, y _____,

Los modelos mentales ayudan porque ellos _____, _____,

_____, _____, y _____ .

> *Los modelos mentales pueden*
> *cambiar nuestro punto de vista de la realidad.*
> *Ellos nos muestran el cuadro grande.*

INFORMACION

Todo el grupo va a investigar y describir como es la vida para alguien que vive en la pobre-za. Si vamos a hacer algo acerca de vivir en la pobreza, lo mejor es saber de qué estamos hablando.

Actividad: Hacer una gráfica circular (como un pastel) de todas las partes de la vida en la pobreza.

Tiempo: 30 minutos

Materiales: Papel para gráficos, marcadores

Procedimiento: 1) En la parte superior de la página escriba: "Vida en la Pobreza".
2) Trace un gran círculo en la página, que llene casi toda la página
3) A medida que el grupo discute la vida en la pobreza, escriba y marque las partes del pastel.

Preguntas para iniciar:
* ¿Qué problemas tiene que resolver una persona en la pobreza?
* ¿De qué se preocupan las personas?
* ¿Hacia dónde va la mayoría del tiempo y la energía?

NOTA: Guarde este modelo mental. Usted puede necesitar añadir algunas cosas más tarde.

DISCUSION

1. ¿Qué aprendimos de la investigación?
2. ¿Cómo es vivir en la pobreza?
3. ¿Cuáles son los problemas más grandes para la gente en la pobreza?
4. ¿Qué problemas toman la mayor energía y tiempo para manejarlos?
5. ¿Es la pobreza igual para cada uno? ¿Cómo es diferente? ¿Cómo es igual?
6. ¿Piensa usted que la gente de clase media y rica saben cómo es vivir en la pobreza? ¿Qué clase de cosas cree que saben? ¿Qué clase de cosas no saben?
7. ¿Si la gente de clase media y rica hicieran este ejercicio, cómo piensa usted que sería el cuadro mental de ellos? ¿Cómo pasan su tiempo? ¿De qué se preocupan?
8. ¿Qué tan difícil es salir de la pobreza? ¿Por qué?
9. ¿Qué le ocurre a alguien que vive en la pobreza por largo tiempo?
10. ¿Quién necesita ver el modelo mental de pobreza que acabamos de hacer?

REFLEXIONES REFLEXIONES REFLEXIONES REFLEXIONES REFLEXIONES

Escriba o dibuje sus pensamientos personales en el espacio abajo. ¿Qué aprendió de esto? ¿Cómo se aplica a usted? ¿A qué conclusiones ha llegado acerca de la pobreza en América? ¿A qué conclusiones ha llegado respecto a dónde está usted ahora? Home work

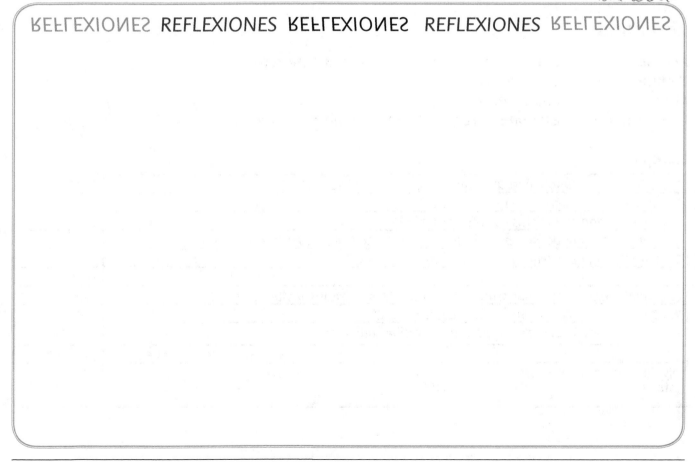

REFLEXIONES REFLEXIONES REFLEXIONES REFLEXIONES REFLEXIONES

INFORMACION

Ahora que hemos hecho el modelo mental de "Vida en la Pobreza" para la mayoría de la gente en la pobreza, tenemos que hacer lo mismo para cada uno de nosotros. Cada uno tiene su propia historia; todas nuestras situaciones son diferentes. Si queremos hacer algo acerca de nuestra propia vida, necesitamos examinarlo tan cuidadosamente como podamos y hacer un modelo mental de nuestra vida "Como es Ahora".

Cuando hicimos el modelo mental de "Vida en la pobreza", hablamos de vivienda y trabajos en forma general. Ahora tenemos que investigar realmente y en detalle los asuntos de vivienda y salarios.

La falta de vivienda asequible *(alcanzable)* es uno de los motores que lleva al caos y la inseguridad. Algunos de los que viven en pobreza están en vivienda subsidiada, otros están solos buscando hallar una solución. Esto significa que la gente vuelve a vivir con parientes o está en apartamentos hacinados, casas, y tráileres con amigos. Hay gente que vive en campamentos, moteles a largo plazo, carros, albergues y en la calle.

¿Exactamente, qué tan serio es el problema de vivienda para usted? Una forma de decirlo es usar los métodos de clase media de calcular cuanto de su ingreso va para vivienda. Cuando una persona va al banco por un préstamo, el banquero calcula la proporción de deuda e ingreso para ver si el prestamista puede costear la compra de una casa. Investiguemos nuestra propia proporción de deuda e ingreso.

ACTIVIDAD

Actividad: Calcular su proporción de deuda e ingreso
Tiempo: 20 minutos
Materiales: Calculadora
Procedimiento: Escriba sus respuestas en la hoja de trabajo de abajo. Vea el ejemplo.

Ejemplo...

1. ¿Cuánto es su pago mensual de alquiler o pago de vivienda?	$400
2. ¿Cuánto debe en pago mensual de auto?	$100
3. ¿Cuánto paga en tarjetas de crédito al mes?	$ 50
4. ¿Cuánto paga por deudas, prestamistas de día de pago, alquiler/compra al mes?	$ 50
5. ¿Cuánto paga por seguro de casa o de inquilino?	-0-
DEUDA TOTAL: ITEMS 1-5	$600
6. ¿Cuánto ingreso mensual bruto *(net)* tiene (antes de impuestos y deducciones)?	$800
7. ¿Cuánto recibe en cupones de alimentos al mes?	$50
8. ¿Cuánto pensión alimenticia para niños recibe cada mes?	$200
INGRESO TOTAL: ITEMS 6-8	$1,050
Divida su DEUDA por el INGRESO Esta es su PROPORCION DE DEUDA –INGRESO	57.14 57%

1. ¿Cuánto es su pago mensual de alquiler o pago?	
2. ¿Cuánto debe en pago mensual de auto?	
3. ¿Cuánto paga en tarjetas de crédito al mes?	
4. ¿Cuánto paga por deudas, prestamistas de día de pago, alquiler para posesión por mes?	
5. ¿Cuánto paga por seguro de casa o de inquilino?	
DEUDA TOTAL: ITEMS 1-5	
6. ¿Cuánto ingreso mensual bruto tiene (antes de impuestos y deducciones)?	
7. ¿Cuánto recibe en cupones de alimentos al mes?	
8. ¿Cuánto recibe de pensión alimenticia para niños cada mes?	
INGRESO TOTAL: ITEMS 6-8	
Divida su DEUDA por el INGRESO Esta es su PROPORCION DE DEUDA -INGRESO	

Pregunta: ¿Cuándo una persona va al banco para un préstamo para comprar una casa, cuál proporción de deuda –ingreso está recomendada?

Respuesta: 25-30%. La proporción de deuda-ingreso no debe ser superior al 40%. Entre mayor sea el número peor es la situación. ¿Por qué? Porque cuanto más gaste en vivienda, menos tendrá para comida, transporte, gastos médicos y otras necesidades de la vida.

DISCUSION

1. ¿Qué proporción de deuda-ingreso tuvieron los miembros del grupo?

2. ¿Cuál es la calidad de vivienda? ¿Es segura? ¿Se han hecho reparaciones?

3. ¿Es vivienda asequible?

4. ¿Qué tan lejos tiene que ir la gente para encontrar un buen trabajo?

MAS INFORMACION SOBRE VIVIENDA Have Volunteer read

Para continuar nuestra investigación sobre vivienda, considere estos hechos:

1. Cincuenta y cinco por ciento de los inquilinos pobres gastan más del 50% de su ingreso en albergue (Dreier, Peter. Summer 2000. "Por qué los trabajadores de América no pueden pagar el alquiler". *Dissent*. Pág. 38-44).

2. En 1970 había 7.3 millones de familias de bajos recursos y 9.7 millones de unidades de alquiler de bajos ingresos. En 1985 había 11.6 millones de bajos recursos y 7.9 millones de unidades de alquiler de bajos recursos. (Mattera, Philip. 1990. *Property Lost*. Reading, MA. Addison-Wesley. Pág. 128-129).

3. En 1991 había 47 unidades asequibles de alquiler por cada 100 familias de bajos ingresos.

En 1997 había 36 unidades de alquiler asequible por cada 100 familias de bajos recursos. ("Rental Housing Assistance-The Worsening Crisis: A report to Congress on Worst-Case Housing Needs". Marzo 2000. Departamento de Vivienda y Desarrollo Urbano).

DISCUSION

1. ¿Qué clase de conclusiones puede sacar de estos datos?

2. ¿Cuál es la tendencia en opciones de vivienda para familias de bajos recursos?

3. ¿Cómo su situación de vivienda entorpece el camino a una vida económica estable?

4. ¿Cómo afectan las condiciones de vivienda a los niños? ¿Qué tan seguras son las situaciones con mucha gente en la vivienda? ¿Pueden los niños tener una buena noche de sueño?

REFLEXIONES   REFLEXIONES REFLEXIONES   REFLEXIONES REFLEXIONES

Use el espacio a continuación para escribir o dibujar sus ideas y pensamientos acerca de la situación de su vivienda – o de la gente en pobreza en general.

REFLEXIONES   REFLEXIONES REFLEXIONES   REFLEXIONES REFLEXIONES

INFORMACION

Ahora vamos a investigar la relación entre los costos de vivienda y los salarios. Las preguntas que necesitamos hacer son: ¿Cuánto tengo que ganar por hora para pagar el alquiler? ¿Y cuánto me queda para el resto de los gastos?" Recuerde que la proporción de su deuda/ingreso no debe se más del 40%.

Actividad: Calcular el pago por hora necesario para pagar el alquiler y tener suficiente dinero restante para cubrir sus otros gastos.

Tiempo: 15 minutos

Material: Ninguno

Procedimiento: 1) En el cuadro a continuación encontrará el salario por hora que está más cercano a lo que está ganando ahora o el salario por hora que ganaba en su último trabajo. Circular esa cantidad.

2) En la fila donde encontró el salario por hora mire en la columna 5 para ver el costo de alquiler que sería entre el 35% y 50%

3) Después, en las columna 5 encontrará la cantidad que se aproxima más a lo que su alquiler es ahora en las columnas del 35% solamente y vea qué salario por hora necesita tener para pagar ese alquiler.

4) Lea los ejemplos a continuación.

5) Investigue con el grupo el significado de esta información.

1 Salario por hora	2 Horas trabajadas al mes	3 Ingreso mensual	4 Porcentaje de ingreso para alquiler	5 Costo del alquiler	6 Dinero disponible para otros gastos.	7 Cuánto dinero le queda para otros gastos cuando paga el 35% en lugar del 50% de su ingreso para el alquiler
$ 6.00	173	1,038	35%	363	675	156
	173	1,038	50%	519	519	
$ 7.00	173	1,211	35%	424	787	181
	173	1,211	50%	606	606	
$ 8.00	173	1,384	35%	484	900	208
	173	1,384	50%	692	692	
$ 9.00	173	1,557	35%	545	1,012	233
	173	1,557	50%	779	779	
$10.00	173	1,730	35%	606	1,125	260
	173	1,730	50%	865	865	
$11.00	173	1,903	35%	666	1,237	285
	173	1,903	50%	952	952	
$12.00	173	2,076	35%	727	1,349	311
	173	2,076	50%	1,038	1,038	

Adaptado del trabajo de Glenn Corless, Columbiana County (Ohio) One Stop

Ejemplo de cómo leer la tabla: Si Juan trabajó 8 horas al día, cinco días a la semana, el estaría trabajando un promedio de 173 horas al mes. Si ganó $6 por hora y su alquiler fue 35% de su ingreso, él estaría pagando $363 por el alquiler y tendría $675 restantes para otros gastos. Si Juan pagó 50% de su ingreso para el alquiler, estaría pagando $519 por el alquiler y tendría solamente $519 restantes para otros gastos. Al pagar 35% de alquiler, Juan tendría $156 extra para gastar en otras cosas.

Ejemplo 2: Sara es soltera sin hijos. Ella gana $11 por hora y debería estar pagando $666 o menos por el alquiler, pero actualmente paga $800. Al pagar $666 ella podría tener $1.237 para otros gastos, eso es $134 más de lo que tiene ahora.

DISCUSION

1. ¿Qué "otros" gastos mencionados en las columnas 6 y 7 tiene la gente?

2. ¿Si Sara quisiera mudarse a un lugar más barato, que problemas podría enfrentar?

3. ¿Cómo cambiaría la situación de Sara si ella tuviera hijos?

4. Discutan algunas formas en que la gente puede balancear el asunto del salario/alquiler a corto plazo. ¿Cómo puede la gente solucionar este problema?

5. Si alguien está ganando un salario bajo y pagando por vivienda más del 35% de su ingreso, ¿cuál será el efecto a largo plazo sobre los niños?

6. Discuta algunas formas en que la gente puede resolver a largo plazo el problema del salario/alquiler.

Para continuar nuestra investigación responda a las preguntas que aparecen abajo. Ellas están designadas a ayudarle a aplicar esta información a su historia. Usted usará este pensamiento para llenar el modelo mental de "Como es Ahora".

¿Cuánto es el pago por hora en su trabajo actual?_____

¿Cuánto recibía de pago en su último trabajo? _____

¿Qué fue lo máximo que alguna vez haya recibido de pago? _____

¿Cuánto tiempo trabajó en su trabajo mejor pagado?_____

¿Cuál es el salario mínimo en su estado? _____11.75_____

¡Investigar Esto!

on their own time

- ¿Qué es un salario de subsistencia? ¿Cuál es el estándar de auto-suficiencia?
- Cuánto ingreso necesita tener una madre soltera con un bebé y un niño pequeño para cubrir vivienda, transporte, impuestos, servicios públicos, cuidado de niños, vestuario y cuidado de salud sin usar ningún pensión del gobierno?
- ¿Cuántas ciudades y condados en los Estados Unidos han pasado una ordenanza de salario de subsistencia plena? ¿Cuántos estados han aprobado el estándar de auto-suficiencia para cada condado?

¿Adónde podría ir para aprender más acerca de esto? ¿Hay alguien en el grupo que desee empezar esta investigación?

DISCUSION

Ask them which question stand out the most to them

1. ¿Qué ha aprendido de ésta investigación?
2. ¿Si una persona en asistencia pública hiciera todo lo que su trabajador del caso le dijera que haga, consiguiera un trabajo y lo mantuviera por un año, al final de ese año podría esa persona estar más cerca de salir de la pobreza?
3. ¿Es posible para una persona tener un trabajo de tiempo completo y aún vivir en la pobreza?
4. ¿En su comunidad, cómo le pagan los empleadores a los empleados nuevos?
5. ¿Cómo afecta, el salario por hora a la vivienda?
6. ¿Cómo afecta la vivienda a los empleos?

ACTIVIDAD

Ahora es tiempo de crear nuestro propio modelo mental para "Como es Ahora". Este es un retrato de cada una de nuestras vidas en este momento. Hemos investigado solamente dos partes del pastel (vivienda y salarios); hay muchas más. Su grupo podría optar por co-investigar otros aspectos de su vida, tales como salud o transporte, en la misma forma en que investigamos la vivienda y los salarios.

Actividad: Crear su modelo mental personal "Como es Ahora"
Tiempo: 15 minutos
Materiales: Espacio de trabajo en la página siguiente.

Procedimiento: 1) Dibujar un gran círculo que cubra la mayoría del espacio disponible abajo.

2) Usando un lápiz (porque usted puede desear cambiar las cosas a medida que avance), dibujar las partes del pastel de cada parte de su vida y marcarlas.

3) Hacer cada pedazo del pastel grande o pequeño de acuerdo a su importancia.

DISCUSION

1. ¿Cuál es la parte más grande de su pastel? ¿Por qué?

2. ¿Qué tan difícil es salirse del círculo?

3. ¿Que es la dificultad que más impide hacer cambios? Hacer una lista de razones acerca de por qué es difícil salir del círculo.

4. ¿Qué aprendió acerca de la pobreza al hacer este modelo mental?

5. ¿Qué aprendió acerca de sí mismo al hacer este modelo mental?

6. ¿Qué aprendió de su comunidad o de "el sistema" al hacer este modelo mental?

En el espacio de abajo escriba o dibuje sus pensamientos personales
acerca de su modelo mental de "Como es Ahora".
¿Ha pensado antes acerca de su vida en esta forma?
¿Está empezando a cambiar su pensamiento acerca de la pobreza?

Words   Meanings

_____   _____

_____   _____

_____   _____

_____   _____

_____   _____

_____   _____

_____   _____

_____   _____

MODULO 3

Teoría del Cambio

Poder

ACCION

Planes para la acción
RESPONSABILIDAD

Análisis crítico
Lo que significa para mí
Teoría de cambio
Como construir recursos

MARCO DE TRABAJO
DE RUBY PAYNE

ENTENDER LA
POBREZA

Lo que
es ahora

Usar las reglas
ocultas de clase
para construir
recursos

Monitorear
nuestros
cambios

ENTENDER DONDE
ESTOY

Causas de
la pobreza

Auto-evaluación

Evaluación de la
comunidad

CO-INVESTIGACION

Objetivos del Aprendizaje

QUE CUBRE

Usted podrá:

Examinar cuales agencias requiere que el cliente cambie.

Investigar como se hacen los planes al interior de las agencias.

Explorar las formas en que la gente cambia.

Estudiar los cambios que usted ha hecho.

Aprender la teoría del cambio de Hacia Adelante.

POR QUE ES IMPORTANTE

Aprender acerca del cambio es importante porque para salir de la pobreza usted tendrá que hacer las cosas en forma diferente para poder cambiar.

Las agencias tienen algunos recursos que usted puede necesitar, luego usted tal vez tenga que trabajar con ellos, por lo menos por un tiempo. Las organizaciones de clase media todas se concentran en cambios.

Hacia Adelante está basado en una teoría del cambio que necesitamos compartir con usted.

COMO SE RELACIONA CON USTED

El problema es la pobreza y como le afecta a usted.

Si desea salir de la pobreza usted necesitará estar a cargo de la investigación, los planes, la acción y la monitoría.

INFORMACION

Es tiempo de investigar como las agencias adonde vamos manejan el cambio y los planes. Esta investigación puede ser hecha de mejor manera por el grupo.

Actividad: Examinar los enfoques que tienen las agencias acerca del cambio

Tiempo: 30 minutos

Materiales: Papel para graficar, marcadores.

Procedimiento:
1) Hacer una lista en el papel acerca de las agencias y programas a los cuales van los miembros del grupo. Algunos ejemplos pueden ser los programas de tratamiento de abuso de sustancias, clínicas de salud mental, albergues para los que están sin vivienda, oficiales de casos de libertad bajo palabra y libertad condicional, agencias de 'asistencia pública hacia el trabajo' y las escuelas.

2) En el modelo mental de "Vida en la Pobreza" que crearon como grupo, dibujar una línea apuntando hacia una parte del pastel y escribir en la línea el nombre de la agencia cuyo propósito es ayudar en esa área. Por ejemplo, Vivienda Metropolitana estaría escrita en una línea fuera del círculo apuntando a la parte del pastel marcada "vivienda".

3) Marcar una X al lado del nombre de la agencia que requiere que usted haga cambios en la forma como usted piensa o se comporta.

4) Marcar una segunda X en las agencias que sugieren planes de como debe usted cambiar. Algunas veces esos planes son llamados con nombres diferentes, tales como planes de reunificación, planes de tratamiento, contratos o compromisos.

5) ¿Cuáles agencias requieren o piden que usted cree planes para los cambios que usted hará?

El modelo mental de "Vida en la Pobreza" se ve ahora diferente porque el pastel está rodeado de los nombres de las agencias.

DISCUSION

1. ¿Hay alguna parte del pastel donde no hay una agencia u organización con la misión de asistir a la gente en esa área?

2. ¿Piden la mayoría de las agencias cambio en la vida del cliente? ¿Qué porcentaje de las agencias requieren planificación?

3. ¿Cubren los planes de la agencia toda su vida o sólo una parte del pastel?

4. ¿Cómo se siente cuando mira a las agencias que rodean el modelo mental de "Vida en la Pobreza"?

5. ¿Cómo han sido sus experiencias de "cambio" con las agencias? ¿Ha cambiado su vida mucho como resultado de ir a una agencia?

6. ¿Piensa usted que sería mejor hacer sus propios planes, al tener en cuenta todo el cuadro? ¿Por qué si o no?

7. ¿Por qué el cambio del cliente es tan importante para la gente que trabaja en las agencias?

INFORMACION

Casi todas las agencias y organizaciones que sirven a los pobres se refieren al cambio – los cambios que ellos creen que los clientes necesitan hacer. Las agencias, como la gente, tienen lo que se llama un "reflejo a corregir". Cuando ven que algo no está bien, generalmente tienen una idea de como hacerlo mejor.

Para la mayoría de la gente, el reflejo a corregir es así: Usted está viendo televisión y no puede encontrar el remoto. Eventualmente lo encuentra en el otro cuarto y su reflejo a corregir es, "¡Oigan, muchachos, les he dicho miles de veces que dejen el remoto sobre la mesa!" El reflejo a corregir también funciona en formas más profundas, porque dentro de cada uno de nosotros hay un lugar donde sabemos que tenemos la razón, y queremos hacerlo. Es una guía interna o "compás".

Luego... el reflejo a corregir es básicamente una cosa buena, algo que todos tenemos y necesitamos. Sin embargo pueden presentarse problemas con el reflejo a corregir. El primero es cuando no nos hacemos cargo de nuestra propia vida y no hacemos nuestros propios planes para enderezar las cosas que hemos hecho equivocadas. El segundo es cuando las agencias imponen sus planes sin tener en cuenta la situación completa del cliente.

Algunas personas odian el cambio, nunca quieren cambiar, no les gusta que las cosas cambien y no quieren que los otros cambien. Pero aún aquellos que odian el cambio...cambian. Otros se sienten bien cambiando, lo hacen sin problemas. Por último, hay otros muchos en el medio. Hay algunas cosas de vivir en la pobreza que hacen difícil hacer cambios. Richard Farson, autor de *Manejo del Absurdo* (1997), anotó que entre más recursos tenga una persona, es más fácil para él/ ella cambiar. En otras palabras, entre menos recursos tenga una persona es más difícil brújula.

Se han escrito cientos de libros y artículos acerca del cambio; incluso vale la pena leer algunos. No tenemos tiempo aquí de referirnos a ellos pero revise la lista de lectura en el MODULO 15 para ver los títulos que recomendamos.

Si usted quiere averiguar la teoría del cambio de una agencia, mire cuidadosamente lo que los trabajadores de la agencia hacen cuando está con ellos. No pierda de vista lo que ocurre paso a paso, a medida que usted trabaja a lo largo del programa...

- ¿Acerca de qué aprende?
- ¿Trabaja en sus asuntos personales?
- ¿Hace un plan para cambiar su conducta?
- ¿Se reúne en grupo o individualmente con un consejero?
- ¿Qué clase de apoyo obtiene?
- ¿Cómo miden los trabajadores de la agencia los cambios que usted hace?

A continuación algunos pocos enfoques que las agencias toman para hacer el cambio, sin las palabras 'acertadas'

1. Si le damos una información acertada - en otras palabras, lo educamos – entonces usted debe poder usar la información para cambiar.

2. Si proveemos apoyo (transporte, cuidado de niños, etc.) y quitamos las barreras que le impiden participar, entonces usted debe poder usar la información para cambiar.

3. Si diseñamos el programa en forma tal que usted pueda participar, entonces usted debe poder usar la información para cambiar.

4. Si aumentamos su conocimiento acerca de los beneficios de un cambio, entonces usted estará motivado(a) a ensayar comportamientos nuevos.

5. Si es doloroso o se siente personalmente amenazado por el problema, entonces usted estará deseoso de cambiar.

6. Si los beneficios sobrepasan los costos, y si usted cree que tiene la habilidad de cambiar, entonces podrá cambiar.

7. Si usted se hace responsable de sus decisiones y de su conducta, entonces usted cambiará.

ACTIVIDAD

Actividad: Decidir cambiar
Tiempo: 15 minutos
Materiales: Papel para graficar, marcadores
Procedimiento:
1) Como grupo, añadir más teorías del cambio a la lista de arriba.
2) Discutir cuales estrategias han sido utilizadas con usted y cuales estrategias usted ha usado con otros. ¿Cuáles estrategias "funcionaron" para usted – y cuáles no? ¿Por qué?
3) Hacer una lista y discuta por qué la pobreza hace difícil poder cambiar.
4) Pensar en las veces en que usted ha cambiado para mejorar y cuando ha visto el cambio en otros. Hacer una lista y discuta los factores que hicieron que esto funcionara.

ACTIVIDAD

Pensar en alguna ocasión cuando usted hizo un cambio. Este debió ser el tiempo cuando hizo un cambio consciente, no algo que alguna otra persona controló sino algo que usted hizo por motivación propia. Por ejemplo, puede ser cuando terminó su noviazgo, tomó una clase o dejó de fumar.

Ahora, responder a estas preguntas:

1) ¿Qué fue diferente en la forma en que pensó acerca de la experiencia del cambio que hizo que funcionara?

2) ¿Siguió el ejemplo de otro que había tenido éxito en hacer el cambio?

3) ¿Aprendió al observar los errores que alguien cometió?

4) ¿Repitió un modelo o estrategia que usted usó antes?

5) ¿Qué nuevas ideas o información tenía usted que hicieron más fácil el cambio?

En el espacio de abajo, escriba cualquier pensamiento o ideas que le ayudarán a cambiar en el futuro.

INFORMACION

Cuando llevamos la información de Ruby Payne a las agencias con que trabajamos les animamos a desmenuzar con sus clientes exactamente lo que su teoría del cambio es y que provean un modelo mental que describa esa teoría del cambio. Es justo entonces que nosotros hagamos lo mismo – decirle lo que nuestra teoría del cambio es para *"Hacia Adelante"* y el grupo en el que usted se encuentra ahora.

Es importante que usted comprenda esta teoría del cambio porque se le pedirá que siga pasos y prepare un plan de acción para usted mismo(a). En este momento, no le estamos pidiendo que se comprometa - sino que tenga la mente abierta.

LA TEORIA DE CAMBIO DE *HACIA ADELANTE* PARA SALIR DE LA POBREZA

- Vivir en la pobreza le hace difícil a la gente cambiar. La experiencia de "Lo Que es Ahora" es una trampa que obliga a muchas personas a vivir en el momento y en el caos.

- Debido a esto es especialmente importante que la gente en la pobreza empiece a entender el marco general acerca de la pobreza, aprender que la pobreza es más acerca de las decisiones que la gente hace.

- También es importante aprender como la pobreza impacta a los individuos. Esto significa que aprender acera de las reglas ocultas de las clases económicas, recursos, estructura familiar y asuntos del lenguaje es crucial para hacer un análisis crítico de la situación.

- Cuando la gente en la pobreza entiende el cuadro grande, así como sus propios asuntos, sabrán que hacer.

- Hacer una evaluación tanto de los recursos personales como de los comunitarios le permitirá al individuo hacer sus propios planes para estabilidad económica.

- Usar las reglas ocultas de las clases económicas para construir recursos facilitará la transición a la estabilidad.

- Asociaciones con la clase media y otros individuos construirán un apoyo social vital.

- Trabajar en los planes individuales no es suficiente porque la pobreza es también un problema sistémico. Se deben hacer planes también para enfocar los problemas comunitarios.

- Las personas en la pobreza resuelven sus propios problemas.

El *Triángulo del Proceso* que fue presentado anteriormente es un modelo mental para el cambio en este libro de trabajo.

MODULO 4

La Brecha entre Pobres y Ricos y Cómo Funciona

ENTENDER LA POBREZA

ACCION

Planes
Pasos de acción
Historias futuras

RESPONSABILIDAD

Análisis crítico
Lo que significa para mí
Teoría de cambio
Como construir recursos

Lo que es ahora
Causas de la pobreza

RCO DE TRABAJO
RUBY PAYNE

las reglas
de clase
construir

Monitorear
nuestros
cambios

ENTENDER DONDE
ESTOY

ENTENDE
POBRE

Auto-evaluación

Evaluación de la
comunidad

CO-INVESTIGACION

Objetivos del Aprendizaje

QUE CUBRE

Usted podrá:

Comprender las causas de la pobreza.

Revisar las cuatro categorías de investigación de la pobreza.

Establecer que se necesitan estrategias para reducir la pobreza desde todas las cuatro áreas de investigación.

Investigar la brecha entre ricos y pobres y aprender como funciona.

Establecer una estrategia para protegerse a sí mismo de los depredadores – definidos como la gente y negocios que obtienen ganancias tomando ventaja de la gente en pobreza.

Hacer modelos mentales de lo que es la vida para la gente en la clase media y en la riqueza.

Presentar el concepto de un sistema sostenible

POR QUE ES IMPORTANTE

Es importante conocer como funciona el sistema económico para poder pensar bien qué es lo que ayuda o daña a aquellos que están en los escalones bajos de la escalera económica.

Es importante saber que la pobreza no se refiere únicamente a las decisiones del pobre sino que los asuntos sistémicos y comunitarios también deben ser tratados.

Necesitamos ver el cuadro grande, antes de que podamos tomar buenas decisiones. Hay una conexión importante entre ver el resumen y tomar buenas decisiones.

COMO SE RELACIONA CON USTED

Establecimos la realidad de vivir en la pobreza cuando hicimos el modelo mental de "Como es Ahora".

Ahora establecemos las otras realidades acerca de la pobreza y comparándolas con lo que la vida es para la gente en la clase media y en la riqueza.

Si vamos a construir estabilidad y una económica que se puede sostener, necesitamos tener un plan para nosotros mismos y para el sistema económico/político de nuestra comunidad.

INFORMACION

Se han hecho muchas investigaciones acerca de la pobreza en este país, tantas que de hecho hay una industria de la investigación de la pobreza. La pobreza ha sido estudiada desde cada ángulo por toda clase de grupos: universidades, organizaciones gubernamentales, fundaciones, institutos y grupos de expertos. También hay grupos e individuos que comentan acerca de las investigaciones y las usan para establecer políticas. Estos grupos se enfocan en un tipo de investigación u otro, y a menudo la ajustan a su propósito. Por eso, la política gubernamental y programas contra la pobreza no salen únicamente de la investigación pura. Esas son muy buenas razones por las cuales la gente en la pobreza debe conocer la investigación sobre la misma y comentar acerca de esto. Eso es lo que estamos haciendo ahora.

Actividad: Causas de la pobreza
Tiempo: 15 minutos
Materiales: Papel para graficar, marcadores
Procedimiento:
1) Usando el espacio a continuación, escribir una lista de las cosas que usted cree que causan la pobreza. Guardar esta lista para mirarla después.
2) Hacer que un voluntario haga la lista de las respuestas del grupo acerca de la siguiente pregunta: ¿Qué dice la mayoría de la gente que es la causa de la pobreza?

CUATRO AREAS DE INVESTIGACION

El facilitador compartirá información de las cuatro áreas de investigación de la pobreza. Llene la columna a la izquierda con los tópicos que se han estudiado y la columna de la derecha con las estrategias que son designadas para "arreglar" cada problema.

No. 1: Comportamientos de Individuos en la Pobreza. Investigación acerca de las decisiones, comportamientos y hábitos de los individuos que causan la pobreza.

Tópicos de investigación	Estrategias

No.2: Capital Humano y Social en la Comunidad: Investigación acerca de las condiciones que causan pobreza en una comunidad.

Tópicos de investigación	Estrategias

No. 3: Explotación: Investigación acerca de como la gente es explotada y como eso causa la pobreza.

Tópicos de investigación	Estrategias

No.4: Estructuras Políticas/Económicas: Investigación acerca de las políticas sociales, económicas y políticas a nivel internacional, nacional, estatal y local que causan la pobreza.

Tópicos de investigación	Estrategias

DISCUSION

1. Al mirar la lista de causas de la pobreza que el grupo hizo anteriormente, marcar cada 'causa' con un 1, 2, 3, o 4 (arriba) para el área de investigación a la que se acopla.

2. ¿Cuál categoría tuvo la mayoría de marcaciones? ¿Por qué?

3. ¿Qué categoría recibió el menor? ¿Por qué?

4. ¿En cuáles de estas categorías de investigación se ajustan los programas de reforma de asistencia pública?

5. ¿Qué significa esto para la gente que está usando los programas?

6. ¿Qué les dice a las personas que viven en la pobreza acerca de sí mismas, por parte de la sociedad y de los programas que ofrece?

7. ¿Provee su comunidad una amplia gama de estrategias para enfrentar la pobreza? ¿Qué funciona bien y qué no funciona tan bien en su comunidad en esta área?

ALGUNAS CONCLUSIONES ACERCA DE LA INVESTIGACION

- Hay investigación válida en cada una de las cuatro categorías.

- Hay causas de la pobreza en todas las cuatro categorías, por lo tanto debe haber estrategias también para las cuatro.

- La pobreza no es simplemente acerca de las decisiones hechas por los pobres; hay muchas causas de la pobreza respecto a las cuales el pobre no puede hacer nada.

En el espacio abajo, escribir o dibujar sus pensamientos o sentimientós acerca de las causas de la pobreza. ¿Cómo ha cambiado su pensar acerca de su situación actual?

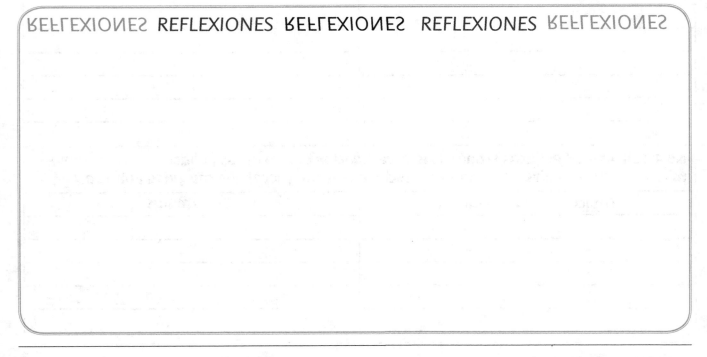

REFLEXIONES REFLEXIONES REFLEXIONES REFLEXIONES REFLEXIONES

ACTIVIDAD

Actividad: Hacer una lista de depredadores
Tiempo: 10 minutos o tarea para la casa
Materiales: Hoja de trabajo
Procedimiento: Necesitamos examinar en detalle cómo los depredadores impactan cada uno de nuestras vidas. (Ver la primera caja en este módulo para una definición de depredador en este contexto) No es suficiente decir que ellos están ahí afuera; tenemos que averiguar qué tan enredados estamos con ellos, investigar como es que trabajan y ayudarnos unos a otros para salir de su control.

1) Como grupo, hacer una lista de todos los depredadores que piensan que hay en su comunidad.
2) En la hoja de trabajo de abajo, hacer una lista de los depredadores.
3) En forma privada, no como grupo, marcar con una "X" en la columna del medio cada depredador con el que usted haya estado asociado.
4) Como grupo, hacer una lista de lo que una persona tiene que hacer para salir del control de un depredador.
5) En forma privada, escribir un plan rápido de lo que usted puede hacer respecto a cada depredador que usted marcó con una "X".
6) Si usted tiene alguna conexión con un depredador, volver a su modelo mental de "Como es Ahora" y añadir cada depredador.

DEPREDADORES

Hacer una lista de los depredadores en su comunidad. ¿Está usted asociado en alguna forma con éste depredador? Si es así, ¿cómo? ¿Cómo puede alguien salirse del control del depredador? ¿Cuánto tiempo podría tomar?

Depredadores		
Lista de los depredadores en su comunidad	¿Está usted asociado en alguna forma con éste depredador? Si es así, ¿cómo?	¿Cómo puede alguien salirse del control del depredador? ¿Cuánto puede tomarle realizarlo?

DISCUSION

1. ¿Qué es lo que necesito que me ha hecho asociarme con un depredador?

2. ¿Hubo algún tiempo en que no tuvo necesidad de relacionarse con depredadores? ¿Cuándo fue eso? ¿Cuáles fueron las circunstancias en ese entonces?

3. ¿Cómo sería si no tuviera la necesidad de estar vinculado con depredadores?

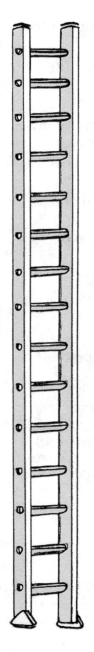

¡Investigar esto!

¿No sería maravilloso si los bancos locales proveyeran préstamos justos para la gente de bajos recursos de manera que ellos no tuvieran que ir a los depredadores?

Puede hallar alguna ayuda al saber como usar el Acta de Reinversión Comunitaria (CRA), (por sus siglas en inglés).

El congreso pasó la CRA en 1977. Esta establece que "las instituciones financieras reguladas tienen obligaciones continuadas y afirmativas de ayudar a cubrir las necesidades de crédito de las comunidades locales en las que están establecidas".

Grupos comunitarios pueden estar involucrados en los planes desarrollados por los bancos locales y pueden ofrecer sus comentarios acerca de la actuación de CRA de los bancos a los examinadores, antes de que el banco sea evaluado.

Para mayor información contacte:

National Community Reinvestment Coalition
Suite 540
733 15th St., NW
Washington, DC 20005
(202) 628-8866
www.ncrc.org/cra/how2usecra.htlm

En el espacio abajo, escribir o dibujar sus ideas y sentimientos acerca de depredadores.

REFLEXIONES REFLEXIONES REFLEXIONES REFLEXIONES REFLEXIONES

INFORMACION: LA BRECHA RICO/POBRE – DISPARIDAD ECONOMICA

La brecha entre ricos y pobres en los Estados Unidos se hace más grande desde finales de 1960, pero casi nadie (excepto algunos economistas y activistas sociales) le ha prestado mucha atención. La gente que está en la pobreza está demasiado ocupada en su lucha por sobrevivir como para prestar atención al tema. La mayoría de los que están en la clase media está demasiado ocupado en tratar de subir la escalera económica y no tiene tiempo para ver más allá del siguiente escalón. Y la gente que se beneficia más de esta estructura, los ricos, ni siquiera quieren hablar de ello.

Es tiempo de hablar de esto. Aquí hay algunos temas que usted querrá explorar en detalle.

En América, durante los últimos 30 – 40 años, los ricos (10% de la parte superior) se han hecho más ricos y los pobres (90%) se han hechos más pobres. Esta es la cuarta vez en la historia americana que la brecha ha aumentado estadísticamente en forma significativa. La primera vez fue en la Era Dorada (post guerra civil y reconstrucción), los 1870's; la segunda fue cuando los Roaring 20's, la tercera durante los 1950's y el aumento en la brecha más reciente fue alimentado por los 'Bull Markets' (inversiones en crecimiento) de los 80's y 90's.

Investiguemos cómo funciona la brecha de riqueza.

La siguiente información es provista por Unidos por una Economía Justa (UFE por sus siglas en inglés). Citando a UFE, "Cuando sea posible, [UFE] usa fuentes del gobierno tales como la Oficina del Censo de U. S. (ej. ingreso familiar), Banco de Reserva Federal (ej. Riqueza por hogar), y la Oficina de Estadísticas Laborales, etc. Aun con sus fallas bien documentadas, las estadísticas del gobierno son generalmente las más abarcadoras, frecuentemente actualizadas y ampliamente citadas".

ACTIVIDAD

Actividad: 1979 al 2001 crecimiento real de ingreso familiar por quintil en los 5% superiores

Tiempo: 15 minutos

Materiales: Cinco rótulos de ingreso

Procedimiento: 1) Revisar las tablas de la página siguiente.

2) El grupo investigar la información presentada por el facilitador y cinco voluntarios.

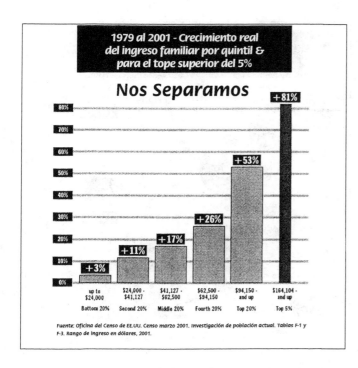

1979 al 2001 - Crecimiento real del ingreso familiar por quintil & para el tope superior del 5%

Nos Separamos

Fuente: Oficina del Censo de EE.UU. Censo marzo 2001. Investigación de población actual. Tablas F-1 y F-3. Rango de ingreso en dólares, 2001.

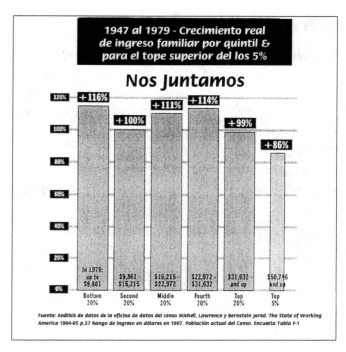

1947 al 1979 - Crecimiento real de ingreso familiar por quintil & para el tope superior del los 5%

Nos Juntamos

Fuente: Análisis de datos de la oficina de datos del censo Mishell, Lawrence y Bernstein Jared. The State of Working America 1994-95 p.37 Rango de ingreso en dólares en 1997. Población actual del Censo. Encuesta Tabla F-1

ACTIVIDAD

Actividad: Pago a CEO (ejecutivo) como múltiplo del salario de un trabajador promedio, 1960-2000

Tiempo: 15 minutos

Materiales: Seis rótulos

Procedimiento: 1) Revisar la tabla a la derecha.

2) El grupo investigar la información presentada por el facilitador y seis voluntarios.

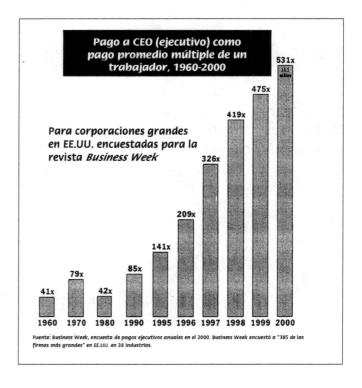

Pago a CEO (ejecutivo) como pago promedio múltiple de un trabajador, 1960-2000

Para corporaciones grandes en EE.UU. encuestadas para la revista *Business Week*

Fuente: Business Week, encuesta de pagos ejecutivos anuales en el 2000. Business Week encuestó a "385 de las firmas más grandes" en EE.UU. en 38 industrias.

ACTIVIDAD

Actividad: Propiedad de riqueza por hogar en los Estados Unidos: "Las Diez Sillas - La Diferencia entre Riqueza e Ingreso".

Tiempo: 10 minutos

Materiales: 10 asientos

Procedimiento:
1) Revisar los cuadros a la derecha.
2) El grupo investigar la información presentada por el facilitador y los 10 voluntarios.

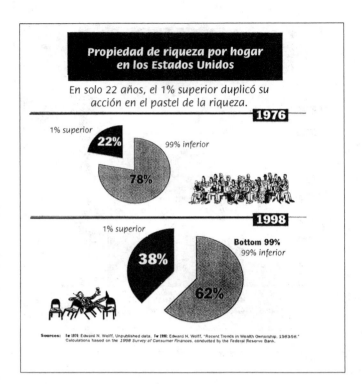

Propiedad de riqueza por hogar en los Estados Unidos

En solo 22 años, el 1% superior duplicó su acción en el pastel de la riqueza.

1976
1% superior — 22%
99% inferior — 78%

1998
1% superior — 38%
Bottom 99% / 99% inferior — 62%

Sources: In 1976: Edward N. Wolff, Unpublished data. In 1998: Edward N. Wolff, "Recent Trends in Wealth Ownership, 1983-98." Calculations based on the 1998 Survey of Consumer Finances, conducted by the Federal Reserve Bank.

ACTIVIDAD

Actividad: Cobro individual de impuestos vs. cobro corporativo de impuestos.

Tiempo: 10 minutos

Materiales: Ninguno

Procedimiento: Revisar la tabla a la derecha y discutir el significado de la información.

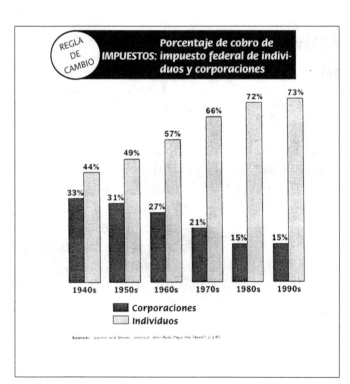

REGLA DE CAMBIO

Porcentaje de cobro de IMPUESTOS: impuesto federal de individuos y corporaciones

	1940s	1950s	1960s	1970s	1980s	1990s
Corporaciones	33%	31%	27%	21%	15%	15%
Individuos	44%	49%	57%	66%	72%	73%

Source: Barlett and Steele, America: Who Really Pays the Taxes? p.140.

- Definiciones
    - Los cobros de impuesto federal individual incluyen el impuesto federal, seguro social e impuestos de Medicare.
    - La tabla no incluye impuestos de consumo (tales como servicios de teléfono, gasolina, y boletos de aerolíneas) o tarifas (impuestos sobre importaciones), por lo cual los porcentajes no suman 100.
- La parte de ingreso federal recaudado por el impuesto de corporaciones ha ido declinando en Los Estados Unidos desde los años 1950's. Este es el resultado de tazas más bajas y más escapatorias.
- Como resultado, la parte individual ha crecido. En años recientes los individuos más ricos han escapado las tazas más altas de impuestos de hace unas pocas décadas y una mayor carga ha sido pasada a la gente de clase media y baja.
- La exención personal solía ser un porcentaje mayor de los ingresos de la gente. La caída del valor real de la exención personal ha lastimado a los contribuyentes de clase media y baja.

¿QUIEN PAGA LA MAYORIA DE LOS IMPUESTOS? ¿CUAL ES EL DESGLOSE O ANALISIS?

Ahora sabemos que las corporaciones están pagando menos impuesto y los individuos están pagando más, pero ¿cuáles individuos pagan más? Las cifras del Servicio Interno de Impuestos de los Estados Unidos muestran que el 10% superior de los hogares (medidos por ingreso) paga el 70% de todos los impuestos federales. El 50% inferior de los hogares paga el 4% de los impuestos. Esta contribución a los impuestos federal (y estatal) es importante para la estabilidad de la comunidad a largo plazo. Cuando una comunidad pierde los trabajos de alto pago por causa de cierre o traslado de negocios, o la gente con esos trabajos se traslada a distritos escolares mejores y vivienda más segura, se pierden sus contribuciones a la comunidad.

PONER TODAS ESTAS IDEAS JUNTAS: DESARROLLAR UN SISTEMA SOSTENIBLE

En éste módulo hemos revisado las causas de la pobreza, examinado la disparidad, hemos mirado quien paga más impuestos y aprendido lo que significa cuando el grupo que paga más impuestos deja la comunidad. La siguiente pregunta es ¿qué le pasa al pueblo, ciudad o condado donde existe este patrón de inestabilidad económica? ¿Qué significa esto para nuestros hijos y sus hijos? ¿Puede este patrón continuar así y proveer una vida decente para ellos?

Hacer una vida estable para nosotros mismos y para las futuras generaciones se llama un sistema sostenible. La creación de un sistema sostenible puede ser el asunto más grande que enfrenta nuestra generación. La primera gran revolución que nuestros antepasados humanos enfrentaron fue el pasar de una forma de vida de cazadores-recolectores a convertirse en granjeros o una economía agrícola. Se requirió que la gente desarrollara nuevo conocimiento y destrezas para construir hogares permanentes, almacenar alimento y organizar comunidades en formas nuevas. La segunda revolución fue el cambio del agro a la industria, a menudo llamada la Revolución Industrial [de los 1700's y 1800's]. Una vez más, nuevas destrezas, conocimiento y herramientas se utilizaron para estimular el desarrollo. La tercera revolución es el desarrollo de información/ tecnología de los últimos 20-25 años. Tanto el capital intelectual como el flujo de información virtualmente instantánea son dos realidades relativamente nuevas que están cambiando la cara de las economías, sociedades y culturas en el mundo entero. La cuarta revolución es el desarrollo de un sistema sostenible. Las preguntas que debemos hacernos son: ¿Cómo usar los recursos de la tierra y a la vez tener suficiente para las generaciones futuras? ¿Y cómo vivir en el medio ambiente y la vez mantenerlo para nuestros hijos?

Estas preguntas parecen no tener mucha importancia para alguien que vive en el modo de sobrevivencia. Después de todo, si usted no puede encontrar un lugar asequible o seguro, ¿va a estar preocupándose por los problemas de generaciones futuras? Probablemente no, pero veremos. De acuerdo a Thomas Sowell, un demógrafo internacional e histórico, ninguno de nuestros pueblos, ciudades o condados puede desarrollar un futuro sustentable si permiten que cualquier grupo sea dejado fuera por cualquier razón (clase económica, raza, religión, etc.) porque toda la comunidad vendrá a ser económicamente más pobre. Por ejemplo, considere la pobreza. Cuando el porcentaje de gente en la pobreza llega al 35-40%, la comunidad se alarma y cuando llega al 60%, el 10% superior se va. ¿Es esta una tendencia sustentable? ¿Estarán nuestros hijos mejor o peor si esta tendencia continúa?

Obviamente los asuntos político/económicos son muy complejos y en los días venideros todos los grupos económicos y comunidades tendrán que luchar con ellos. Si nos confundimos ante todos los detalles de asuntos complejos, podemos re-enfocarnos al volver a las preguntas de cuadro grande del sistema sostenible.

- ¿Podrán las futuras generaciones de todos los grupos vivir bien si esta tendencia continúa?
- ¿Podrán las decisiones que hacemos (cualesquiera que sean) crear estabilidad económica a largo plazo en las generaciones futuras?

Crear un sistema sostenible es algo a lo que todos los grupos económicos tendrán que prestar atención porque estamos todos juntos en esto. Por esa razón, todos los tres grupos económicos necesitan cooperar y trabajar juntos.

ACTIVIDAD

Para poder entender el impacto de la disparidad económica (la brecha rico/pobre) en la gente en la parte baja del sistema económico, hemos creado un modelo mental de la pobreza. Ahora necesitamos crear modelos mentales de la clase media y de dinero nuevo/viejo para que podamos también entender como vive, piensa y toma decisiones esa gente. Después de todo, ningún grupo económico solo es responsable de causar la pobreza y ningún grupo económico sólo puede crear un sistema sostenible. Por esa razón todos los tres grupos económicos necesitan cooperar y trabajar juntos.

Actividad:	Leer las descripciones abajo y como grupo dibujar un modelo mental de la clase media y un modelo mental de la riqueza.
Tiempo:	75 minutos
Materiales:	Papel para graficar, marcadores.
Procedimiento:	1) Leer la descripción de clase media y dibujar un modelo mental

2) Leer la descripción de dinero nuevo y viejo y dibujar un modelo mental
3) Repasar el modelo mental de pobreza que se hizo en el MODULO 2.
4) Hacer una lista de las cosas que aparecen en la clase media, dinero nuevo y dinero viejo que no aparecen en la pobreza.
5) Hacer una lista de cosas que aparecen en la pobreza pero no aparecen en la clase media y la rica.

Clase Media

Marcos y María crecieron ambos en familias de clase media. El padre de Marcos trabajó en una fábrica de acero y pertenecía al sindicato. Su madre se hacía cargo de la casa y era activa en la comunidad. El padre de María era contador y su madre maestra.

María asistió un año a la Universidad y Marcos pasó dos años en el servicio militar. Ellos tienen unos cuarenta años y viven en un vecindario económicamente estable pero entrando en decadencia, en una ciudad de tamaño medio. Este es el segundo matrimonio para ambos. Tienen dos hijos, una hija de 15 años del primer matrimonio de María y un hijo de ambos, de 11 años.

Marcos trabaja para una compañía de manufactura liviana y gana $15 por hora, o sea unos $32.000 al año y María trabaja para una agencia estatal donde gana $8.50 por hora, o sea unos $17.680 al año. Ambos tienen excelente cobertura de salud pero les preocupa que sus empleadores puedan transferirles costos más altos. Corren rumores acerca de que el empleador de Marcos estará reubicándose en México o China. Marcos está preocupado, ya que no tiene destrezas para empleos en tecnología, por lo

cual ha empezado a considerar volver a estudiar pero no está muy seguro de qué le gustaría hacer. El trabajo de María tampoco está muy seguro debido a problemas presupuestales a nivel estatal que producen recorte de personal.

Marcos y María compraron autos nuevos. María maneja una minivan y Marcos una camioneta. También compraron su casa con una hipoteca a 25 años hace 12 años y tomaron una segunda hipoteca a 20 años para remodelar la cocina y el baño, alfombrar la casa y consolidar algunas deudas. Ahora que su casa está arreglada ellos piensan venderla. Su vecindario está cambiando y ellos quieren vender su propiedad antes que comience a devaluarse. Ellos desean que sus hijos vayan a una escuela mejor y más segura pero mudarse a otra urbanización y a una casa más grande reducirá sus recursos. Ahorrar dinero para que los niños vayan a la universidad parece imposible.

Sus hijos también están muy ocupados. Su hija ha estado en clases de baile y canto desde que era pequeña y ahora está en los equipos de voleibol y natación. Marcos entrenó al equipo PeeWee de su hijo.

Marcos y su hijo disfrutan jugando golf juntos. El joven está en el club de ajedrez en la escuela y en los Boy Scouts.

El día de Acción de Gracias, la Navidad y otras festividades tienen que programarse cuidadosamente, ya que la hija va a la casa de su padre. Los padres de Marcos viven cerca así que la familia los ve en forma regular. Las únicas veces que se ven los tíos y primos es en el día de Acción de Gracias y en un picnic de verano. Lo más destacado del año es su viaje anual a acampar en el verano. La familia disfruta al hacer planes y explorar distintos sitios de los Estados Unidos. A Marcos y María les gusta acampar, no solo porque los niños pueden ver lugares históricos y atracciones, sino porque aprenden a ser responsables unos con otros. A su vez, a los niños les gusta porque pueden nadar, montar en canoa, en bicicleta y a caballo, además de visitar los parques. Marcos es miembro del club los Alces donde él y María comen una vez por semana. María y sus amigas van de compras juntas y les gusta la decoración. Ella va a la YWCA para hacer ejercicio y es activa en la asociación de Padres y Maestros de la escuela de su hijo.

Dinero Nuevo

Natán y Nancy están en la clase de dinero nuevo. Hace 10 años, ellos empezaron su compañía propia y ahora son nuevos multimillonarios. Natán fue criado en pobreza extrema y Nancy provenía de la clase media. Ellos han estado casados por 20 años y durante los primeros 10 años de su matrimonio el dinero fue escaso. Ellos vivieron simplemente en una casa de dos habitaciones porque Natán no ganaba mucho dinero, su hijo estaba pequeño y ellos viven del salario de Nancy como enfermera. Natán tuvo una variedad de trabajos, vendía autos y seguros y trabajaba en la construcción. Durante algún tiempo, él también trabajó en la bolsa de valores como corredor.

Las cosas cambiaron dramáticamente cuando Nancy escribió un libro sobre enfermería para los ancianos, el cual se convirtió en un éxito. Ella auto publicó su libro y con Natán empezaron una compañía publicadora. Además ella empezó a dirigir seminarios y talleres sobre geriatría. Al cabo de cinco años ellos se hicieron millonarios.
La compañía de Natán y Nancy creció tan rápido que ellos tuvieron que trabajar largas horas en el negocio y tuvieron que trabajar duro para aprender como dirigir la compañía. Su contador les dijo: "El dinero del negocio no es de ustedes, nunca comentan el error de pensar que lo es. Dense un salario modesto y no saquen fondos de la compañía. Ese no es su dinero". Como ellos confiaban en el contador, ellos hicieron lo que el les dijo. Por

eso, el primer año, no hubo dinero extra para cosa alguna fuera del negocio.
Cuando ellos comenzaron la compañía, se levantaban a las 2 de la mañana y enviaban libros y después trabajaban todo el día en sus trabajos regulares. Nancy mantuvo su trabajo en enfermería por un año y Natán mantuvo su trabajo de construcción por otros cuatro años. Ellos siempre estaban cansados y discutían mucho, tenían su negocio en casa, compartiendo el espacio con un empleado de tiempo parcial y comprando equipo nuevo para mantenerse al ritmo del creciente trabajo; necesitaban una oficina regular pero no podían costearla inmediatamente. En lugar de esto, ellos compraron una casa más grande con espacio sobre el garaje para la oficina pero para ese entonces Natán odiaba la falta de privacidad, ya que tenían una persona trabajando tiempo completo para ellos. A finales del primer año, el contador les dijo que tomaran el dinero sobrante y lo pusieran en ahorros. El cuarenta por ciento de ese dinero extra fue al Servicio de Ingresos Internos.
A medida que el negocio creció, Nancy y Natán se dieron cuenta que no podían mantenerse al tanto de todo. Su consejero de inversiones le dijo a Nancy que parte del dinero de inversión debía ser movido pero Natán, quien había trabajado en la bolsa de valores, sabía lo riesgoso que serían esos manejos de dinero y dijo que no a esa idea. Nancy entendió que su dinero no estaba ganaba dinero para ellos en

la forma debida, pero ninguno de los dos tenía suficiente tiempo para trabajar en ello. Además, el último consejero financiero que tenían gastó todas las ganancias para comerciar, así que en realidad tenían menos dinero. Nancy y Natán sabían que los balances del banco podrían variar hasta en $100.000 en un mes. Mantenerse al tanto de lo que sucedía requería de gente en la que pudieran confiar.

Natán y Nancy tuvieron que confiar también sus vidas privadas a otra gente. Ellos estaban tan ocupados con el negocio que tuvieron que contratar una mujer para que les ayudara a cuidar de sus dos hijos y la casa. Con los años, un fuerte lazo de amistad y respeto creció entre la mujer y la pareja, ayudándose mutuamente con los recursos que tenían.

Natán y Nancy prestaban mucha atención a como iban los niños en la escuela, asegurándose de que estuvieran en buenas escuelas, trabajando estrechamente con los educadores y entrenadores para prepararlos para la universidad y las situaciones sociales que ellos enfrentarían.

Ellos vivieron lejos de sus familias extendidas y era difícil reunirse con ellos más de una o dos veces al año. Cuando los niños eran jóvenes visitaban lugares nacionales en las vacaciones. Ya grandes los cuatro hicieron un viaje a Europa. En la actualidad cuarenta empleados de tiempo completo

(continued on page 39)

Dinero Nuevo *(continúa para página 38)*

y parcial dependen de Nancy y Natán para su subsistencia. Nancy y Natán trabajan en establecer las metas de la compañía y asegurándose que todo vaya bien. A ellos les gustaría tener más amigos, pero el negocio les toma casi todo su tiempo. Como Nancy viaja tanto es difícil para ellos tener vida social y consideran que una tarde calmada en casa es una cosa maravillosa.

Dinero Antiguo

Olen tiene 24 años y en riqueza generacional, también conocida como dinero antiguo. La fortuna original se hizo hace unos 150 años. Se estableció un fondo fideicomiso en su nacimiento pero Olen también fue nombrado en otros fondos de "futuros descendientes", por eso él tiene varios fondos fideicomisos. Desde su nacimiento a Olen se le registró en una escuela de internado privada, adonde fue a la edad de 6 años. Se graduó de la Universidad de Yale como lo hicieron su padre y abuelo y a los 21 años comenzó a recibir un cheque mensual de los intereses generados por sus fondos en fideicomiso, pero él no controlará el capital hasta que tenga 35 años. Dos veces al año Olen se reúne con su asesor del fondo para actualizarse acerca de sus fondos.

La partida de Olen es de $10.000 al mes; él no tiene deudas, ya que vive en una de las muchas residencias amobladas y con trabajadores que la familia tiene alrededor del mundo. El no paga por servicios públicos, mantenimiento o personal. Además, dos de las casas las recibió como regalo. Su membresía en los clubes son pagadas por su mamá y uno de sus autos fue un regalo de grado universitario. En el garaje

Olen tiene varios autos y vehículos, todos ellos funcionan con una sola llave, de manera que puede hacer una decisión de última hora respecto a cual auto tome.

Olen divide su año entre Palm Springs, California; Aspen y Vail, Colorado; Europa y la ciudad de Nueva York. El viaja en primera clase, o más a menudo en el avión jet familiar o corporativo. En todas las casas hay ayuda doméstica que se hace cargo de todo incluyendo su vestuario, la limpieza y las comidas. Un sastre hace su ropa y a menudo selecciona tanto el material como el estilo, ya que conoce los gustos personales de Olen. En uno de las propiedades de la familia, hay una persona contratada de tiempo completo para hacerse cargo del área de la piscina y otra para lustrar el bronce. Como siempre hay personal a su alrededor, la privacidad es un asunto importante, los empleados son despedidos si no son discretos.

Los pasatiempos de Olen son navegación a vela, golf, montar en globo, volar, esquiar y el teatro. El pasa mucho tiempo en actividades sociales, pero en parte Olen usa estas actividades sociales y conexiones financieras para avanzar su carrera como

escritor de dramas. Olen es un poco "extraño" para su grupo social, ya que él desea ser un escritor aclamado. El es bienvenido en los círculos de teatro, cine y televisión debido a su nombre y riqueza; la gente creativa es bienvenida en sus círculos por los logros que ellos han tenido. El sabe que él puede ser publicado, tiene suficientes conexiones para hacer eso, pero quiere ser respetado y reconocido "por derecho propio".

Se espera que para la edad de 30 años él participe en uno de los negocios familiares. Además de las funciones sociales se espera que tome parte en las reuniones de negocios, las de la junta de la fundación y eventos para levantar fondos para políticos. El pasa considerable cantidad de tiempo con la firma legal de la familia en un pleito complejo que él presentó para proteger sus derechos de propiedad. La mayoría del tiempo la pasa con miembros de la familia, antiguos amigos de dinero o amigos del teatro. Olen no necesita preocuparse de que la gente del teatro se ría de él por sus gustos en vestuario o arte, o que ellos quieran usarlo por su dinero. El ha aprendido a guardar su privacidad, al escoger cuidadosamente sus amigos.

DISCUSION

1. ¿Esta información acerca de la economía le hace cambiar su pensamiento o sentimientos acerca de la pobreza?

2. ¿De dónde cree usted que proviene su conocimiento de la economía y la pobreza?

3. ¿Cuál podría ser el efecto en su vida si usted continúa pensando en la forma en que lo hacía antes?

4. ¿Si fuera más allá en este nuevo pensamiento, como se afectaría su futuro?

5. ¿Que es probable que pase si la comunidad no hace nada diferente?

6. ¿Qué clase de cosas pueden hacer juntos la gente de clase media y la gente en la pobreza?

7. ¿Cuáles son algunas cosas que la gente de todas las tres clases pueden hacer para construir una comunidad más estable – para desarrollar un sistema sostenible?

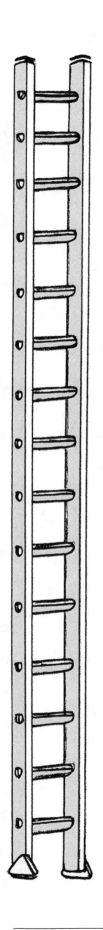

Sea Uno que Resuelve los Problemas de la Comunidad

¡INVESTIGUE ESTAS FORMAS DE CREAR ESTABILIDAD COMUNITARIA!

UNIDOS PARA UNA ECONOMIA JUSTA

Unidos por una Economía Justa (UFE) está buscando voluntarios para enseñar este manual. *La Gran División: Desigualdad y las Raíces de la Inseguridad Económica*. Los ejercicios que acabamos de hacer provenían de ese manual. UFE apoya muchas estrategias para crear estabilidad económica en los Estados Unidos. Al reclutar entrenadores, ellos dicen: "Imaginen que en varios años hay 10.000 de ustedes viajando por las calles y lugares del país a través de los Estados Unidos inspirando a la gente a tomar acción".

United for a Fair Economy
37 Temple Place, Second Floor
Boston, MA 02111
(617) 423-2148
(800) 564-6833
www.ufenet.org

Si enseñar una clase no es para usted, considere otras opciones. Sus habilidades y talentos pueden estar mejor con otro grupo u organización tal como:

NEIGHBORHOOD WATCH
PARENT/TEACHER ASSOCIATION OR ORGANIZATION
VOLUNTEER FIRE DEPARTMENT
RED CROSS VOLUNTEER
CRISIS PHONE CENTER
SCOUTING
CONSEJERO DE 4-H

En el espacio abajo escribir o dibujar sus ideas acerca de diferencias económicas.

REFLEXIONES REFLEXIONES REFLEXIONES REFLEXIONES REFLEXIONES

NUEVO NUEVO NUEVO NUEVO NUEVO **VOCABULARIO** NUEVO NUEVO NUEVO NUEVO NUEVO

Palabras   Significados

_____   _____
_____   _____
_____   _____
_____   _____
_____   _____
_____   _____
_____   _____
_____   _____

MODULO 5

Reglas Ocultas de las Clases Económicas

MARCO DE TRABAJO DE RUBY PAYNE

ACCION

Planes
Pasos de acción
Historias futuras

RESPONSABILIDAD

Critical analysis

Usar las reglas ocultas de clase para construir recursos

ENTENDER LA POBREZA

Lo que es ahora

Causas de la pobreza

ENTENDER DONDE ESTOY

evaluación

CO-INVESTIGACION

Metas de Aprender

QUE CUBRE

Usted podrá:

Comprender los puntos clave a recordar mientras que aprende acerca de las reglas ocultas de la clase económica.

Explorar las reglas ocultas y aplicarlas para sí mismo.

Explorar los registros de lenguaje y encontrar por qué hay tantos malentendidos entre las clases.

Investigar la experiencia del lenguaje y aprender como ayudar a que los niños tengan éxito en la escuela.

Examinar las estructuras familiares y aprender acerca del impacto de la pobreza en las familias.

Aprender cómo y cuándo usar las reglas ocultas para ayudarse en su propia situación.

Aprender como hacer mediación (una forma de desarrollar estructuras de pensamiento) con sus hijos.

POR QUE ES IMPORTANTE

Esta información es abstracta, no concreta, y sin embargo es importante saberla para que tengamos nuevas ideas acerca de como resolver problemas.

Saber esta información puede ayudarnos a desarrollar seguridad económica

COMO SE RELACIONA CON USTED

Anteriormente encontramos que la pobreza es estar estancado en la tiranía del momento.

En el módulo de la "Teoría del Cambio", aprendimos que necesitamos información abstracta que nos dé opciones.

Esta información es el corazón de lo que Ruby Payne tiene para compartir con nosotros. Nuestro trabajo es primero aprenderla y después hacerse diestro en su uso en nuestra vida diaria.

Este módulo está lleno de ideas. Hay mucho que explorar aquí, así que se tomará más de una sesión recorrerlo.

INFORMACION

En este módulo empezamos a explorar y aprender las ideas de Ruby Payne acerca de la pobreza y las clases económicas. Su trabajo es muy diferente de los otros que han escrito acerca de la pobreza. La mayoría de los estudios acerca de la pobreza se enfocan en raza y género. El estudio a largo plazo de Ruby Payne, de los vecindarios de bajos ingresos ofrece una nueva forma de entender el impacto de la pobreza, que suena en aquellos que lo escuchan, especialmente aquellos que viven o crecieron en la pobreza.

Los puntos claves a continuación son la base de todo lo demás que vamos a cubrir. Ellos describen nuestro enfoque acerca de la pobreza y este trabajo – que estamos tratando de hacer y lo que no estamos haciendo.

PUNTOS CLAVES PARA RECORDAR

1. La pobreza es relativa.
2. La pobreza ocurre en todas las razas y en todos los países.
3. La clase económica es una línea continua, no una distinción de corte claro.
4. La pobreza generacional y la pobreza situacional son diferentes.
5. Este trabajo está basado en patrones. Todos los patrones tienen excepciones.
6. Trabajar en asuntos de pobreza sin enfocar los asuntos de raza, identidad étnica, género y asuntos culturales es imposible. Este trabajo, sin embargo se enfoca solo en la clase económica.
7. Un individuo trae consigo las reglas ocultas de la clase en la que fue criado.
8. Las escuelas y negocios operan desde las normas de la clase media y usan las reglas ocultas de la clase media.
9. Comprender las reglas ocultas de la clase económica le permite a la persona escoger los comportamientos que conducen a la seguridad económica.
10. A fin de moverse de la pobreza a la clase media o de la clase media a la riqueza, el individuo debe sacrificar relaciones por logros (por lo menos por un tiempo).
11. No importa en qué clase económica estemos, tratamos de ganar el respeto de la gente más cercana a nosotros.
12. No podemos culpar a las víctimas de la pobreza por estar en ella. No podemos mantener los estereotipos y prejuicios acerca de los pobres.
13. Hay muchas razones para la pobreza; debemos tener una amplia gama de estrategias para terminar con ella.

Repase y discuta estos puntos claves antes de continuar.

INFORMACION: DEFINIR LAS REGLAS OCULTAS DE LAS CLASES ECONOMICAS

Las reglas ocultas pueden ser acerca de pertenecer. ¿Cómo sabe usted cuando pertenece? Cuando usted no tiene que explicar nada acerca de lo que dice o hace a la gente que le rodea. Cuando se acopla como si conociera las claves no escritas ni habladas y los hábitos del grupo. Cuando usted sabe las reglas ocultas, no tiene que preocuparse de ser entendido. Dondequiera que va está rodeado por reglas ocultas, ya que todos los grupos de gente y todas las culturas tienen sus propias reglas ocultas. Tenemos reglas ocultas por nacionalidad, vecindarios, clubes, pandillas, raza, edad, género, identidad étnica, historia, lugares de trabajo y también por clase económica.

Piense en los diferentes conjuntos de reglas ocultas que los siguientes individuos pueden tener:

- Recientemente un hombre joven de Somalia, que ahora vive en Colombus, Ohio (con otros de Somalia), no habla inglés bien, tiene una educación de clase media y está trabajando en una tienda de víveres llenando la estantería.
- Una mujer negra de mediana edad con una carrera en administración hospitalaria, que vive en Baltimore, casada con un maestro, criando hijos adolescentes.
- Una mujer blanca, vieja, que vive en un pueblo pequeño en Iowa, recientemente quedó viuda; activa en la iglesia y en actividades para la gente de edad avanzada, sostenida parcialmente por sus cuatro hijos.
- Un hombre joven, hispano, que vive en Los Angeles, graduado de Universidad, comenzando una carrera en trabajo social, casado recientemente y con un bebé en camino.
- Una mujer blanca, joven, que vive en el área rural de Indiana, con tres niños, educación de escuela superior, trabajo de tiempo parcial en una tienda de descuentos, sostenida en parte por asistencia pública, con un novio que está en la cárcel.

Todas estas personas tienen reglas ocultas de cultura, historia y clase económica.

1. ¿Qué reglas ocultas tienen estas personas?
2. ¿Pueden algunos de ellos compartir las reglas ocultas?
3. ¿De quién se ocultan las reglas ocultas?
4. ¿Cómo aprendemos las reglas ocultas que usamos?
5. ¿Cómo podemos aprender las reglas ocultas de otro grupo?

SUGERENCIAS DE COMO ESTUDIAR LAS REGLAS OCULTAS

Antes de entrar a las reglas ocultas, aquí hay algunas ideas para ayudarle a obtener todo lo posible de ellas.

- Estaremos estudiando solamente las reglas ocultas de la clase económica. La gente de clase media de todos los grupos raciales y étnicos comparte algunas de las mismas reglas de clase económica; esto también es cierto para gente en la pobreza y la riqueza. No estamos estudiando otro conjunto de reglas.

- Comprender las reglas ocultas de la clase económica puede ayudarnos si no pensamos en ellas como *correctas o equivocadas, buenas o malas* – como si usted tuviera que escoger estar a favor o en contra de ellas. Es mejor pensar de ellas como "reglas" que los niños aprenden casi inconscientemente mientras están creciendo. Naturalmente, ellos las utilizan en su propia vida.

- Comprender las reglas ocultas le puede ayudar si usted no piensa en ellas como su identidad. Si usted se apega a ellas como una descripción de lo que usted es, será muy difícil utilizarlas para ayudarse a sí mismo o a otros.

- Pensar de las reglas ocultas como una selección o como las *reglas de un juego*. Entre más reglas conozca, más juegos y deportes puede jugar. Por ejemplo, si quiere jugar baloncesto, usted tiene que conocer las reglas. No puede jugar poker, si desconoce las reglas. Luego... si desea que le vaya bien en la escuela y el trabajo, debe conocer y usar las reglas de la clase media. Eso no significa que las reglas de la pobreza sean equivocadas. Usar las reglas de cada clase cuando y donde lo necesite. Una mujer que es supervisora en una organización del gobierno dijo, "Cuando estoy en el trabajo, uso las reglas de la clase media. Cuando estoy en casa con mis amigos, uso las reglas de la pobreza".

- Comprender las reglas ocultas puede ayudarle, si no las usa para juzgar a otros o para compararse con otros.

- Los juicios y comparaciones ocurren en todas las clases. Tendemos a observar como estamos haciendo las cosas comparándonos con nuestros vecinos y amigos. Sin embargo, eso es esnobismo. La gente atrapada en comparaciones constantes vive "al filo de la navaja" entre la envidia y el menosprecio. En lugar del esnobismo, preferimos pensar en términos de clase económica. Esto es acerca de tener seguridad económica, algo que deseamos para todos.

- Romper las reglas ocultas: Es muy fácil romper las reglas ocultas de otras clases, especialmente al hacer cosas nuevas y conocer gente de otras clases. Usted sabe que ha roto una regla oculta cuando de repente la otra persona se queda callada, lo evita o le mira raro – la clase de mirada, como a menudo dice Ruby Payne, que ocurre "cuando se ve algo moviéndose entre el basurero".

- Desafortunadamente, la gente se mete en conflictos todo el tiempo. Una de las mejores cosas acerca del trabajo de la Dra. Payne es que nos ayuda a comprender de donde vienen los conflictos. Una vez que sabemos que hay puntos calientes, podemos escoger conducirnos en forma diferente. Trate de mejorar su habilidad en notar y nombrar los conflictos a medida que ocurren.

Aquí hay un ejemplo de un conflicto de regla oculta: En la primera regla oculta, la Fuerza Impulsora (página siguiente), usted aprenderá que para la clase media, la fuerza impulsora tiende a ser el trabajo y el logro, y para la gente en la pobreza, es la supervivencia, las relaciones y el entretenimiento.

Un conflicto que se presenta de esto es la actitud enjuiciadora de mucha gente de la clase media hacia los televisores de pantalla gigante y platos de satélite que muchos de los pobres poseen. Esto a menudo se expresa así: "¡No puedo creer que él tenga una TV de pantalla gigante! El debería usar ese dinero para pagar sus cuentas". Esta actitud muestra poca comprensión de como es la vida para la gente hacia la parte más baja de la escala económica. Aprender las reglas ocultas de clase le da a esta persona de clase media una alternativa en cuanto a su actitud.

USAR MODELO PARA ESTUDIAR LAS REGLAS OCULTAS

Le sugerimos que use el mismo modelo para estudiar cada una de las reglas ocultas.

1. **Información**: *Primero, asegurarse que las entiende. Investigar por qué las reglas tienen sentido para cada clase.*
2. **Actividad**: *Encontrar ejemplos de cuando ha visto a otros utilizando estas reglas. Usando los formatos provistos, dar ejemplos de como ha visto que son utilizadas las reglas ocultas.*
3. **Discusión**: *Discutir lo que ha aprendido de esta investigación.*
4. **Reflexiones**: *Hacer la información personal para usted. Escribir notas o dibujar para poner sus pensamientos en papel.*

"Las Reglas Ocultas de Clase Económica" *representan un modelo mental de cómo la clase económica trabaja en pro o en contra de la seguridad y estabilidad económica.*

⅃	POBREZA	CLASE MEDIA	RIQUEZA
FUERZA IMPULSORA	Supervivencia, relaciones, entretenimiento	Trabajo, Logro	Conexiones financieras, políticas y sociales
PODER	El poder está relacionado al respeto. Debe tener la habilidad de pelear. La gente responde al poder personal. Hay poder en los números. La gente en la pobreza no puede evitan que sucedan cosas malas.	El poder está separado del respeto. Debe tener la habilidad para negociar. El poder está vinculado a tomar responsabilidad por las soluciones. La gente responde al poder de posición. La gente en la clase media maneja las instituciones del país.	El poder está vinculado a la estabilidad. Debe tener influencia, conexiones. La gente responde a la pericia. El poder es información. La gente en la riqueza establece la dirección de los negocios, corporaciones y políticas públicas.
TIEMPO	El presente es el más importante. Las decisiones para el momento se basan en los sentimientos o la personalidad.	El futuro es lo más importante. Las decisiones se hacen respecto a futuras ramificaciones.	Las tradiciones y la historia son lo más importante. Las decisiones se basan parcialmente en la tradición y el decoro.

REGLA OCULTA	UN EJEMPLO DE USTED

	POBREZA	**CLASE MEDIA**	**RIQUEZA**
DESTINO	Creer en el destino. No puede hacer mucho para mitigar la suerte.	Creer en las decisiones. Puede cambiar el futuro al hacer buenas decisiones ahora.	Noblesse Oblige
OPINION ACERCA DEL MUNDO	Ve el mundo en términos del medio local.	Ve el mundo en términos del medio nacional.	Ve el mundo en términos del medio internacional
LENGUAJE	Registro casual. El lenguaje es acerca de la supervivencia.	Registro formal. El lenguaje es para la negociación.	Registro formal. El lenguaje es para establecer conexiones.

REGLA OCULTA	**UN EJEMPLO DE USTED**

	POBREZA	**CLASE MEDIA**	**RIQUEZA**
EDUCACION	Valorada y reverenciada como abstracto pero no como realidad.	Crucial para escalar al éxito y hacer dinero.	Tradición necesaria para hacer y mantener conexiones.
DINERO	Para ser usado y gastado	Para ser administrado	Para ser conservado e invertido
ESTRUCTURA FAMILIAR	Tiende a ser matriarcal.	Tiende a ser patriarcal	Depende de quien tiene el dinero
POSESIONES	Gente	Cosas	Objetos únicos, legados, linaje.

REGLA OCULTA	**UN EJEMPLO DE USTED**

	POBREZA	CLASE MEDIA	RIQUEZA
PERSONALIDAD	Es para entretenimiento. El sentido del humor es altamente valorado	Es para la adquisición y la estabilidad. Los logros son altamente valorados.	Es para conexiones. Las conexiones financieras, políticas y sociales son altamente valoradas.
ENFASIS SOCIAL	Inclusión social para la gente que le gusta	Enfasis en el auto-gobierno y auto-suficiencia.	El énfasis es en la exclusión social
AMOR	Amor y aceptación condicional basados en si el individuo es bien aceptado.	Amor y aceptación condicional, basados en gran parte en los logros.	Amor y aceptación condicional, relacionados a la posición social y las conexiones.

REGLA OCULTA	UN EJEMPLO DE USTED		

	POBREZA	CLASE MEDIA	RIQUEZA
HUMOR	Acerca de la gente y el sexo	Acerca de situaciones	Acerca de las "faltas" sociales
COMIDA	La pregunta clave es: ¿Había suficiente? La cantidad es importante.	La pregunta clave: ¿Le gusto? La calidad es importante	La pregunta clave: ¿Estaba bien presentada? La presentación es importante.
ROPA	La ropa es valorada por su estilo individual y la expresión de la personalidad.	La ropa es valorada por su calidad y aceptación dentro de las normas de la clase media. La marca es importante.	La ropa es valorada por el sentido artístico y la expresión. El diseñador es importante.

REGLA OCULTA	UN EJEMPLO DE USTED		

LENGUAJE: UNA REGLA OCULTA EN DETALLE

Nos estamos expandiendo las reglas ocultas del lenguaje porque nuestro uso del lenguaje puede hacer o romper la forma en que nos llevamos con otros. Hay varias capas de esta sección que se añaden a la información que puede ser utilizada por nosotros y por nuestros niños.

DISCUSION

1. ¿Qué se puede saber de alguien por la forma en que habla?

2. ¿Alguna vez se ha sentido juzgado por la forma en que habla?

3. ¿Puede darse cuenta a qué clase económica pertenece una persona por la forma que habla?

4. ¿Cuánto cree usted que éxito en la escuela está determinado por la forma en que la familia habla?

INFORMACIÓN

Cada lenguaje en el mundo, tiene cinco registros (Joos, 1967)

REGISTRO	EXPLICACION
Congelado	Lenguaje que siempre es el mismo. Por ejemplo, la oración al Señor, los votos matrimoniales, etc.
Formal	La sintaxis estándar de frases y selección de palabras en el trabajo y la escuela. Tiene frases completas y selección específica de palabras.
Consultivo	Registro formal utilizado en conversación. Patrón de discurso no tan directo como en el registro formal.
Casual	Lenguaje entre amigos, caracterizado por un vocabulario hablado de 400 - 800 palabras. La selección de palabras es general y no específica. La conversación depende de asistencia no verbal. La sintaxis de las frases a menudo es incompleta.
Intimo	Lenguaje entre amantes o gemelos. Lenguaje de acoso sexual.

DISCUSION

1. ¿Qué registro es mejor para entender intenciones, conexiones sociales y la vida diaria?

2. ¿Qué registro es mejor para ideas, lógica, negociación y cosas retiradas de la vida diaria?

3. ¿Qué tan lejos puede llegar un niño en la escuela y tener éxito con solo un registro casual?

4. ¿Por qué cree usted que la gente en las instituciones de clase media como las escuelas, trabajo y agencias prefieren el registro formal y el patrón de discurso directo? ¿Qué reglas ocultas están detrás de esto?

5. Cuando una persona puede pasar de uno al otro, entre el registro casual y formal, llamamos a esa persona bilingüe. ¿Conoce usted gente que es bilingüe? ¿Quién necesita uno para ser bilingüe?

6. ¿Qué registro requieren los trabajos del sector de servicio (posiciones de entrada en los restaurantes de comida rápida, tiendas de descuento, estaciones de gasolina, tiendas especiales, hoteles)?

7. ¿Qué registro requieren los trabajos del sector manufacturero?

8. Los trabajos del sector de conocimiento (donde usted tiene la habilidad y se puede trasladar a cualquier lugar en el país y obtener un trabajo – enfermera, médico, veterinario, abogado, maestro, negocios y finanzas, ¿qué registro requieren?

PATRONES DE DISCURSO

Otro aspecto de un lenguaje se llama el patrón de discurso. Este se refiere a la forma como un grupo de gente lleva una conversación. Por ejemplo, en algunos grupos está bien si la gente habla por encima de otros. En otras palabras, antes de que una persona acabe de hablar, otra empieza. En otras sociedades donde la regla es esperar uno o dos segundos después que la persona ha terminado para comenzar a hablar, sería considerado rudo interrumpir.

El patrón de discurso para la gente que usa el registro formal es muy directo. Típicamente ellos presentan la historia o información en orden cronológico – en la secuencia de como ocurrió. El que habla utilizará términos abstractos para presentar ideas e información. Estas personas van directo al punto y dicen cosas como "Vamos al grano".

El patrón se ve así:

"Vamos al grano"

De otra parte, el patrón de discurso para la gente que usa el registro casual, a menudo es circular. Ellos van en círculos y círculos antes de llegar al punto y pueden saltar a la historia en cualquier momento, no necesariamente en el 'comienzo'; por el contrario, ellos pueden empezar en el punto que es más interesante o divertido. El patrón se basa en el uso de palabras comunes y la habilidad de encontrar lo que la gente quiere decir por medio del movimiento del cuerpo o por el tono de la voz. Los anfitriones de los show nocturnos a menudo hablan en registro casual, usando el lenguaje corporal y la lectura de la situación social mientras tienen conversación con sus invitados. Las historias circulares, toman mucho tiempo más que las historias en el patrón de discurso formal y a menudo confían en que otros del grupo contribuyan a la historia a medida que se cuenta.

El patrón se ve así:

Las flechas representan los comentarios añadidos por otros a medida que se desarrolla la historia.

DISCUSION

1. ¿Cuáles de las reglas ocultas están detrás de la historia circular?

2. ¿Como llevan a malentendidos los modelos de discurso –casual y formal? Dé ejemplos.

3. ¿Cómo le ayudaría a alguien saber como usar ambos registros, el formal y el casual?

4. ¿Cómo le ayudaría poder utilizar ambos modelos de discurso?

EXPERIENCIA DE LENGUAJE

La mayoría de los niños hablan durante sus primeros tres años, y la mayoría de su lenguaje depende casi totalmente en su familia inmediata. Los patrones de discurso y registro de su familia serán también los suyos. Cada familia tiene su propia cultura al hablar. Algunas familias hablan más que otras, algunas animan a los niños a unirse a la conversación y otras no.

Durante los primeros tres años, el cerebro está construyendo vías de pensamiento. Entre más palabras escuche un niño por parte de sus miembros de familia, más vías se están construyendo. Entre más historias escuche, la familia explique más como funcionan las cosas, en esa misma medida se crean más vías.

El modelo típico de historias en los libros para niños se ve así:

LA ESTRUCTURA DEL REGISTRO FORMAL DE LA HISTORIA EMPIEZA AL COMIENZO DE LA HISTORIA Y VA HACIA EL FINAL EN UN MODELO CRONOLOGICO U OTRO PATRON NARRATIVA ACEPTADA. LA PARTE MAS IMPORTANTE DE LA HISTORIA ES LA TRAMA.

RICITOS DE ORO Y LOS TRES OSOS

¿Recuerda la historia de *Ricitos de Oro y los Tres Osos*? Tomar un minuto para hablar en el grupo acerca de la historia, después contestar estas preguntas.

1. ¿Qué ocurrió primero?

2. Cuando Ricitos de Oro llegó a la casa, ella dijo tres cosas. ¿Cuáles fueron y en qué orden se sucedieron?

3. Cada vez que ella ensayaba algo en la casa de los osos, ella lo ensayaba en cierto orden.

¿Cuál orden era ese orden?

4. ¿Cuándo usted le lee un cuento a un niño, cómo lo toma si usted se salta una página o trata de cambiar la historia?

INFORMACION

El patrón anterior de historia es un sistema de almacenaje/salida que los niños usan para recordar la información de la historia. En su cerebro ellos ponen la papilla de avena de primera en la "curva" (página anterior), la silla de segunda y la cama por última. Poner estos elementos en el patrón de pensamiento de la historia les permite volver a esos lugares para encontrar los detalles de la misma.

Hay otros patrones o dibujos mentales en los cuales los niños también usan. Por ejemplo, ellos recodarán cada vez que Ricitos de Oro ensaya cosas en la casa de los osos y está en este orden: "Papá Oso, Mamá Osa y el Osito".

La razón por la cual a los niños les gusta oír la historia una y otra vez es para ganar dominio sobre la historia. Ellos quieren poder anticipar y predecir lo que ocurrirá. Es por esto que a los niños no les gusta cuando los adultos 'se meten' con la historia saltándose una página o creando eventos nuevos. ¡Luego, a favor de los niños, no alteren la historia!

Los niños necesitan oír el cuento varias veces a la semana para meter este mecanismo de pensar en su cerebro.

DISCUSION

1. Note la diferencia entre el modelo de la historia circular y la estructura del cuento. ¿Cuánto podrá dar o no dar a los niños la estructura de la historia circular, una estructura de pensamiento que ellos puedan usar una y otra vez?

2. Imagínese a los niños que asisten a su primer día del kinder, conocen a su maestra, pasan el día haciendo cosas con otros niños, aprenden las reglas de la escuela. ¿Qué tan importante es para ellos sentir que se acoplan, como si pertenecieran? ¿Que parte juega el lenguaje en su sentimiento de pertenencia?

3. ¿Qué tienen que ver estas cosas con la pobreza?

APRENDER HABLAR

Betty Hart y Todd Risley estudiaron como aprenden a hablar los niños. Ellos estudiaron a niños de hogares profesionales, de clase trabajadora y de asistencia pública. Los investigadores iban a las casas tan pronto el niño nacía y estudiaban la experiencia de lenguaje del niño por cerca de 2 años y medio.

Las familias en el estudio eran todas sanas y amorosas; no había adicción o enfermedad mental en ninguna de las familias y todas tenían vivienda estable. Los investigadores recogieron tanta información que pasaron seis años desde el tiempo en que empezaron a registrar los datos en el computador hasta cuando los informes estuvieron disponibles. Hart y Risley publicaron sus hallazgos en *Meaningful Differences in the Everyday Experience of Young American Children* (1999).

En todos los hogares los niños aprendieron a hablar pero hubo gran diferencia en la experiencia y desarrollo del lenguaje de acuerdo a la clase económica. Los siguientes hallazgos ilustran las diferencias principales.

Clase económica	Número de palabras a las que estuvieron expuestos los niños en edades de 6 meses a 3 años	Estímulos vs. Prohibiciones		Vocabulario de trabajo
Profesional	30 millones	5	1	1.200 en 36 meses
Clase trabaja-dora	20 millones	2	1	No información
Asistencia Pública	10 millones	1	2	900 para adultos

1. Número de palabras a las que los niños estuvieron expuestos: La investigación nos dice que entre más palabras escuchan los niños de sus padres en los primeros tres años (la televisión no cuenta), más vías neuropáticas se desarrollan en el cerebro.

2. Estímulos vs. prohibiciones: Estímulo es cuando el adulto responde al interés del niño acerca de algo y le anima a explorar y hablar de ello. La prohibición es cuando el adulto detiene al niño con un "quédate callado", "cállate", o "no hagas eso". Entre más estímulo reciba un niño, más palabras tiene y se construyen más estructuras de aprendizaje.

3. Vocabulario de trabajo: Entre más palabras aprende un niño, más fácil y rápido puede aprender más palabras. Por ejemplo: aprender la palabra "pájaro" puede llevar a nombrar diferentes clases de pájaros, después aprender categorías de aves y tal vez a descubrir las formas de vida diversa de las aves.

DISCUSION

1. Típicamente, los niños de la pobreza están dos años más atrasados que sus compañeros de la clase media y los ricos y a menudo no están listos para la escuela. ¿Podría la información anterior ser parte de esa razón y por qué?

2. Hart y Risley dicen que es imposible hacer de repente 20 millones de palabras cuando un niño tiene entre 4 o 5 años, pero también sabemos que no está 'terminado' para los niños cuando llegan a la escuela con una historia débil de lenguaje. La Dra. Payne tiene maneras de ayudar a los niños a aprender rápidamente y ella les enseña esas técnicas a los educadores. ¿Cuáles son algunas cosas que las familias pueden hacer inmediatamente para ayudar a sus niños? Haga una lista en el papel para gráficas.

MEDIACION: EL QUE, POR QUE Y COMO

Como se sugirió en la caja a comienzos de este módulo, hay algunas cosas que los padres pueden hacer para ayudar a sus niños a desarrollar estructuras de aprendizaje en su cerebro. Esto se llama mediación y significa ayudar a alguien a entender los pasos mentales vinculados con el aprendizaje (algunas veces se llama "pensar acerca del pensar"). La idea proviene de Reuven

Feuerstein, un educador israelita quien le dio a la gente las estrategias que necesitaban para que les fuera bien en la escuela y el trabajo o en otras palabras, a tener éxito en el mundo abstracto.

Como lo discutimos antes, cuando los padres están animando a sus niños, ellos deben darles tres pasos: el qué, el por qué y el cómo. El "qué" es cuando usted le destaca a los niños el contenido de sus acciones o palabras; el "por qué" es cuando les explica el significado de ellas y el "cómo" es cuando usted sugiere estrategias o comportamientos alternativos para ellos.

Así es como se ve en la tabla. En este ejemplo, un niño pequeño está parándose en la silla de un autobús del aeropuerto, mirando por la ventana. Es tarde en la noche, y todos en el bus están con ojos somnolientos y cansados – excepto este niño de 4 años. El papa le dice:

QUE	POR QUE	COMO
"Oye, estás de pie en tu silla"	"Cuando el bus arranque, puedes caerte"	"¿Por lo tanto, por qué no te arrodillas o te sientas sobre mis piernas?"

El niño, que obviamente está acostumbrado a que su papá le hable en esa forma, se arrodilla sobre la silla y alegremente cuenta los aviones mientras el autobús se mueve.

En esta mediación, el padre le ofrece al niño una opción: arrodillarse o sentarse sobre sus rodillas. Al darle una opción es menos probable que el niño se vea forzado a hacer algo y al mismo tiempo, puede practicar a tomar responsabilidad por su selección.

Hay mucha diferencia con otra experiencia de viaje. En este caso otro padre de un niño de 4 años estaba viajando en un avión a través del país en un viaje muy largo. El niño estaba inquieto, molesto y con muchas preguntas. El padre le dice:

QUE	POR QUE	COMO
		"Cállate. Quédate callado. Cálmate. Deja de hacer eso" (repetido docenas de veces en las siguientes horas).

En mediación, todos los tres pasos son necesarios para grabar las estructuras de pensamiento. Si el padre hubiera mediado en la situación para su hijo, ¿qué podría haber dicho?

En el espacio a continuación, escriba su mediación para el niño en el avión. Clave: No deje fuera el "por qué". Sin el por qué, falta la parte de pensar.

QUE	POR QUE	COMO

La mediación toma tiempo pero cuando se usa frecuentemente y bien, es más fácil manejar a los niños y la disciplina está relacionada con el aprendizaje y no con el castigo.

ACTIVIDAD

Trabajando con otra persona, pretender que uno de ustedes es un niño que ya estornudó sin cubrirse la boca. ¿Como haría usted la mediación? Escribir los tres pasos, después ensayarlo en el que estornudó. Ahora cambiar y dejar que la persona ensaye su mediación con usted.

DISCUSION

1. Muchos padres explican el mundo a sus hijos en esta forma. Sugerimos que todos lo hagamos más a menudo. ¿Sería esto difícil de iniciar con sus hijos? ¿Por qué sí o no?

2. ¿Qué otros ejemplos de mediación ve usted?

3. ¿Es la estrategia de mediación utilizada en el trabajo? ¿En las agencias? ¿En la corte?

ESTRUCTURA FAMILIAR

La estructura familiar que se ve en la pobreza es sujeto de muchos debates. La pregunta es: ¿Qué es la causa de la estructura que se ve abajo? Darse cuenta que hay tres hombres en la vida de Jane. Esto se llama una estructura multi-relacional, estructura matriarcal donde la mujer es el centro de la familia. Muchos creen que esta estructura existe porque la moral de la gente está involucrada. Nuestro estudio de la investigación nos lleva a creer que la pobreza generacional y la sobrecarga de una crisis tras otra producen este patrón.

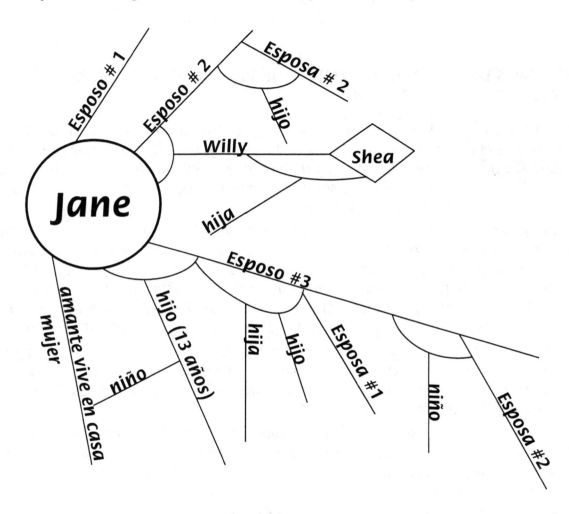

Adaptado de *Un Marco para Entender la Pobreza* by Ruby K. Payne

Las familias que tienen seguridad económica típicamente tienen el patrón que ve en la siguiente página. La "M" representa matrimonio; la "D" divorcio. La gente de la clase media también cambia de cónyuges. Pero lo hacen en forma más "linear". Cuando ocurre un divorcio, el hombre y la mujer pasan por un largo proceso legal para determinar quién se queda con qué, después se separan. Lo que dirige esta estructura es el paso de los activos (riqueza), ya sea en la forma de mantenimiento del hijo, pensión, o arreglo de propiedad. Por esa razón es imperativo que todas las relaciones estén claramente definidas.

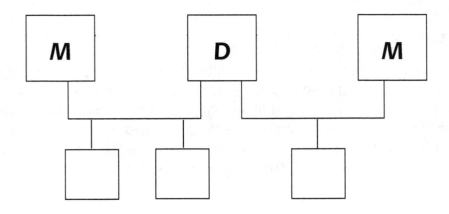

LOA PATRONES DE COMPORTAMIENTO QUE VIENEN DE VIVIR EN LA ESTRUCTURA MULTI-RELACIONAL, MATRIARCAL

1. **Papel del género para los hombres = luchador/amante/protector:** El asunto clave para los hombres es el de ser un "hombre". Las reglas son rígidas y se espera que el hombre trabaje duro físicamente y sea un amante y un luchador. El puede ir y venir mucho, a menudo ausentándose de la casa. Su papel es ser protector, no proveedor. Los hombres en la pobreza no se identifican a sí mismos con sus trabajos.

2. **Papel de género para las mujeres = rescatadora/ mártir:** El asunto clave para las mujeres es hacerse cargo de y rescatar a su hombre y sus hijos. Como el hombre está ausente a menudo, ella debe manejar la familia y resolver todos los problemas. Vivir bajo la tiranía de la supervivencia significa que ella vive en un mundo de alto estrés de infinitas crisis. Los hombres pueden ser un alivio para ella y también pueden añadir a sus problemas. Hay un número de razones por las cuales una mujer en la pobreza no desea casarse. ¿Cuáles son esas?

3. **Pertenencia de la gente:** La gente son posesiones, entre más gente "tiene" es más fácil resolver problemas. Hay mucho temor de que miembros de la familia puedan dejar atrás a otros. Recuerde lo que aprendimos antes: Para lograr algo, la gente en la pobreza debe dejar sus relaciones, por lo menos por un tiempo.

4. **La importancia de las relaciones:** Sin dinero para asegurar estabilidad, uno solo tiene la gente en la que confía. La gente de clase media tiene tarjetas de AAA y seguro sobre la casa para darles seguridad; la gente en la pobreza confía en otros para arreglar su auto y vivir con ellos si tiene que mudarse.

5. **Importancia de la personalidad:** Mantenerse "real" es más importante que la educación, los grados y los logros. La personalidad individual es la que uno trae a casa. Es importante entretener, contar historias y ser gracioso. Una mujer les dijo a sus hijos, "puede que no tengamos dinero pero estamos llenos de personalidad".

6. **La danza del acoplamiento:** En la pobreza, la danza de acoplamiento está relacionada con el cuerpo en forma sexual y hacer cumplidos de las partes del cuerpo, verbal y no verbalmente. En la clase media, la danza de acoplamiento enfatiza los logros y el estatus del trabajo. Casarse con uno de una clase más alta es una forma común de salir de la pobreza y una forma de aprender rápidamente las reglas ocultas. De otra parte, la gente que se casa fuera de su clase económica, a menudo se halla en conflicto debido a las reglas ocultas.

7. **Ruido de fondo:** Cuando alguien está tratando de sobrevivir, escapar en el entretenimiento es importante. Usualmente la televisión está prendida, no importa bajo qué circunstancias. La conversación es participativa, a menudo con más de una persona tratando de hablar a la vez.

8. **Falta de orden:** Usualmente las casas y apartamentos de la gente en la pobreza están atestados tanto de cosas como de personas. Los cuartos de la casa son utilizados para muchos propósitos – entretenimiento, comer y dormir. Hay pocos artefactos organizativos, tales como archivadores y planeadores. Rara vez tiene los niños un lugar calmado donde hacer sus tareas.

9. **Disciplina:** El castigo está relacionado a la penitencia y el perdón, no al cambio. Usando el diagrama a continuación, imagínese a un hombre en sus años treinta que ha tenido una serie de trabajos en el sector de servicios, ninguno de los cuales mantiene por largo tiempo. El vive con su abuela, quien cocina y le hace la limpieza. Al poco tiempo, él decide que necesita una camioneta para ir al trabajo y consigue que ella sirva de consignatario. Dentro de poco, ella hace los pagos. Después él decide casarse y le pide a la abuela sus tarjetas de crédito para obtener lo necesario para el matrimonio y el apartamento nuevo. El maximiza los gastos de las tarjetas en $10.000. La abuela es impulsada por otros miembros de la familia a que lo eche de la casa y demande que le pague el dinero. Después de que él se va por una semana, él vuelve y dice que está viviendo en un auto, que no tiene donde vivir, ni dinero con que vivir, y ella lo recibe de nuevo.

El nieto cree que no hay nada que él pueda hacer diferente o más allá de lo que ya ha hecho, por eso toma el dinero de la abuela. El no quiere que otros miembros de la familia lo encuentren usando el dinero de ella y haría excusas si ellos llegaran a darse cuenta. Cuando finalmente los otros lo descubren, presionan a la abuela a que lo saque y él toma su castigo.

¿Qué es más importante para la abuela que los pagos de la camioneta y los $10.000? La relación con su nieto.

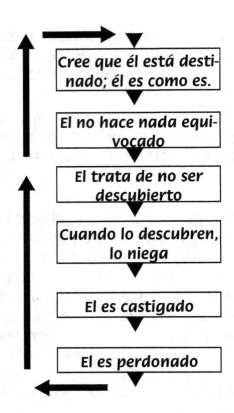

Cree que él está desti-
nado; él es como es.

El no hace nada equi-
vocado

El trata de no ser
descubierto

Cuando lo descubren,
lo niega

El es castigado

El es perdonado

En la pobreza, el ciclo de la penitencia/perdón está relacionado con mantener las relaciones y no está relacionado con el cambio de comportamiento; lo importante es el re-establecimiento de la relación como estaba antes. En la clase media la disciplina está relacionada con las consecuencias y el cambio. Si usted no cambia su conducta, usted puede perder la relación.

DISCUSION

1. Alguien dijo una vez, "No importa cual sea la clase económica, todos luchamos por mantener el respeto de nuestros semejantes". ¿Como puede esto hacer muy difícil para nosotros cambiar la forma en que hacemos las cosas?

2. ¿Qué pasa en la pobreza y su impacto en las familias, que hace difícil que la gente cambie?

3. ¿Cuáles de los patrones en la lista en las páginas anteriores le causan problemas a usted?

4. ¿Ha visto el ciclo de penitencia/perdón? Dar ejemplos.

5. ¿Qué ocurre cuando alguien que es parte del ciclo de penitencia/perdón se mete en problemas con la ley o en la escuela?

REGLAS OCULTAS Y POLITICAS PUBLICAS

Antes de que salgamos de las reglas ocultas y pasemos al siguiente módulo, exploremos como nuestro conocimiento de las reglas ocultas puede ayudarnos a descubrir lo que está ocurriendo a nivel de la política nacional. ¿Podemos utilizar esta información para entender, analizar y predecir las decisiones y acciones de la gente de clase media y rica?

EJERCICIO

1. Dibujar una flecha desde la clase económica que crea la política nacional contra la pobreza y servicios públicos a la clase económica que maneja las instituciones de servicio social.

2. Dibujar una flecha de la clase económica que dirige las instituciones de servicio social a la clase económica que usa las instituciones.

POBREZA	CLASE MEDIA	RIQUEZA

DISCUSION

1. ¿Qué tanta influencia tiene la clase media en dar forma a las políticas y diseño de programas?

2 ¿Qué tanta influencia tiene la gente en la pobreza en dar forma a las políticas y diseño de programas?

3. ¿Qué grupo económico tiene el mayor tiempo y recursos para dedicarse a resolver los problemas y dedicarse a sus intereses?

4. ¿Cuáles son las cosas que pueden hacerse para cambiar este cuadro?

¡Investigar Esto!

Traer artículos del periódico acerca de la economía, vivienda, trabajos, despidos, cierres de plantas, y corporaciones a la siguiente sesión de *Hacia Adelante* y discuta como las reglas ocultas moldean el pensamiento y comportamiento de las personas involucradas.

En el espacio a continuación, escribir o dibujar sus pensamientos e ideas acerca de las reglas ocultas de las clases económicas. ¿Con qué reglas se crió usted? ¿Cuáles usa ahora? ¿Es importante aprender y algunas veces utilizar las reglas de otros grupos económicos? ¿Por qué sí y por qué no?

REFLEXIONES REFLEXIONES REFLEXIONES REFLEXIONES REFLEXIONES

NUEVO NUEVO NUEVO NUEVO NUEVO **VOCABULARIO** NUEVO NUEVO NUEVO NUEVO NUEVO

Words

Meanings

MODULO 6

Once Recursos

MARCO DE TRABAJO DE RUBY PAYNE

ACCIÓN

Planes
Pasos de acción
Historias futuras

RESPONSABILIDAD

Critical analysis

Usar las reglas ocultas de clase para construir recursos

ENTENDER LA POBREZA

Lo que es ahora

Causas de la pobreza

Crear otros cambios

ENTENDER DONDE ESTOY

Auto-evaluación

Evaluación de la comunidad

CO-INVESTIGACIÓN

MENTAL

SOCIAL

financial

emotional

Objetivos del Aprendizaje

QUE CUBRE

Usted podrá:

Definir los recursos.

Crear su propio modelo mental para "capital social."

Crear su propio modelo mental de "apoyo para el cambio."

Utilizar casos de estudio para practicar hacer evaluación comunitaria.

Explorar la manera de utilizar esta información.

POR QUE ES IMPORTANTE

Los recursos son importantes porque es en su desarrollo que obtendremos seguridad económica.

Si queremos una vida rica en todas las áreas tenemos que construir otros recursos.

Investigar nuestros recursos nos dirige en forma natural a tener nuevas ideas para mejorar nuestra vida.

COMO SE RELACIONA CON USTED

Las reglas ocultas describen por qué nos comportamos de cierta manera.

Los recursos describen todas las áreas de nuestra vida. Cuando adquirimos destreza en el análisis de los recursos estamos listos para hacer una auto- evaluación de nuestros propios recursos; después comenzaremos a hacer planes.

INFORMACION: DEFINIR NUESTROS RECURSOS

Hay once recursos que todo el mundo necesita para vivir bien. Entre estos recursos se incluyen el apoyo financiero, emocional, social y espiritual. Ruby Payne describe la pobreza como lo que puede hacer una persona sin recursos. Obviamente el dinero es uno de esos recursos. Cuando la gente no tiene suficiente dinero para cumplir con sus necesidades básicas, vive en la pobreza. Sin embargo, el dinero es solo uno de estos recursos. Los demás recursos que pueda tener una persona son muy importantes para su felicidad y estabilidad económica. Entre más recursos tenga una persona, le será más fácil hacer cambios y vivir bien. En pocas palabras, los recursos están interconectados. Con eso queremos decir que tener niveles altos de unos o varios recursos nos facilita construir los demás.

La meta de este libro de trabajo es ayudarle a adquirir estabilidad económica al mejorar todas las áreas de su vida. Llegar a un equilibrio sólido de los recursos lo liberará de la trampa de "Como Están las Cosas Ahora".

FINANCIERO	Tener suficiente ingreso para comprar bienes y servicios, y ahorrar o invertir dinero. Tener un entendimiento educado de cómo funciona el dinero, manejar el a, b, c de las finanzas.
EMOCIONAL	Ser capaz de escoger y controlar respuestas emocionales, especialmente las dirigidas a situaciones negativas, sin caer en conductas autodestructivas. Este es el "estado mental" que determina nuestra forma de pensar, sentir y comportarnos en un momento dado. Este es un recurso interno que se demuestra mediante resistencia, perseverancia y decisión. Se trata de habilidades interpersonales como el trabajo en equipo, la enseñanza, el liderazgo, la negociación y ser capaz de trabajar con personas de muchos trasfondos.
MENTAL	Tener la habilidad mental y las destrezas adquiridas (leer, escribir, computar) para afrontar la vida diaria. Esto incluye la cantidad de educación y entrenamiento que tiene una persona para competir en el ámbito laboral por trabajos bien pagados.
REGISTRO FORMAL	Tener el vocabulario, la habilidad de lenguaje y la destreza para negociar, para sobresalir en el medio del trabajo/escuela.
ESPIRITUAL	La creencia en un propósito y guía divina y/o tener una rica conexión cultural que ofrece apoyo y guía.
INTEGRIDAD Y CONFIANZA	La confianza se liga a dos temas: la seguridad y ser predecible. ¿Puedo tener alguna certeza de que esta persona hará lo que dijo que iba a hacer? ¿Puedo predecir con certidumbre que sucederá lo mismo en cada ocasión? La segunda parte de este asunto es la seguridad: ¿estaré a salvo con esta persona?
FISICO	Tener salud física y movilidad.
SISTEMAS DE APOYO	Tener amigos, familia y recursos de reserva disponibles en tiempos de necesidad. Estos son recursos externos.
RELACIONES/ MODELOS	Tener contacto frecuente con adultos apropiados, que son cuidadosos y no se involucran en comportamiento auto-destructivo.
MOTIVACIÓN Y PERSISTENCIA	Tener la energía y la fuerza para preparar, planear y terminar proyectos, trabajos y cambios personales.
CONOCIMIENTO DE LAS REGLAS OCULTAS	Conocer las reglas ocultas y los hábitos de la clase media y la clase rica.

INFORMACION GENERAL ADICIONAL SOBRE LOS RECURSOS

Estos recursos cubren cada aspecto de la vida y cada uno de ellos es importante. Este libro tocará de manera superficial lo que se debe conocer sobre cada recurso, ya que nuestra tarea es examinar la situación como un todo, no solo un recurso u otro. Al final del libro de trabajo haremos planes para trabajar los recursos que queremos aumentar. Es importante decir ahora que existen libros de trabajo similares a estos para cada recurso. Sería bueno empezar a pensar qué recursos queremos aumentar.

INFORMACION ADICIONAL SOBRE LOS RECURSOS FINANCIEROS

Existen varios libros y libros de trabajo que tocan el tema del "alfabetización fiscal." Otra forma de explicar esto es: Todos necesitamos saber como jugar el juego del dinero. En el juego del dinero no hay espectadores en las gradas o porristas; todos son jugadores. La pregunta es ¿Qué tan bien puede usted jugar? La mayoría de las escuelas no enseñan esta información importante, a pesar de ser crucial para la seguridad de cada uno. Eso deja la labor de esta enseñanza a nuestros padres, quienes pueden ser o no ser buenos en el juego.

INFORMACION ADICIONAL SOBRE LOS RECURSOS EMOCIONALES

Nuestros recursos emocionales ayudarán a determinar el éxito que tengamos con este libro de trabajo y esta clase, así que queremos explicar algunos conceptos claves que nos ayuden de una vez.

La pobreza, las adicciones y el abuso son situaciones peligrosas que generan en nosotros reacciones y patrones de comportamiento que nos perjudican. Pueden generar pensamientos, sentimientos y comportamientos débiles. Por ejemplo, podemos pensar, *"no puedo hacer esto, no soy bueno, todo es mi culpa,"* o *"todo esto es culpa de otro."*

Podemos sentir pena por nosotros mismos, que no servimos, sentirnos avergonzados, enojados o ser auto-destructivos. Podemos echarle la culpa a otros, gemir, perder el tiempo, manipular a los demás, darnos por vencidos, lastimarnos y lastimar a otros. Si ésta es la manera en que nos vemos y vemos al mundo, será difícil realizar nuestros planes y tomar los pasos de acción necesarios para salir de la trampa de la pobreza.

En *"Empowerment: A Course in Personal Empowerment"* los escritores dicen, "La habilidad más importante del Entrenamiento de Destrezas de Poder Interior es la habilidad para *regular* lo que siente adentro. Quiere decir que usted decide el contenido, la naturaleza y la intensidad de lo que piensa, siente y hace.

"Regular lo que se piensa y se siente no quiere decir "suprimir," "mantener adentro los pensamientos," "aguantarse," "ignorarlos," o "reprimirlos."

"Regular significa ajustar el grado, la intensidad y el significado de la experiencia interna. Funciona como un termostato interno que mantiene la temperatura de adentro donde usted la quiere, a pesar de la temperatura de afuera."

Para cierto hombre, fue su hermano quien le enseñó como regular sus emociones. Dijo, "Por alguna razón a mi hermano mayor le encantaba golpearme. Me provocaba para enojarme, y bien que sabía cómo. Yo explotaba y comenzaba a lanzar golpes, mientras él se "defendía" y me hacía pedazos. Un día, en un momento extraño de bondad y franqueza, me dijo, "¿por qué permites que te haga esto? Sabes que me encanta enojarte para luego golpearte. ¿Por qué siempre caes?" En ese momento me di cuenta que el que tenía el control de lo que sucedía era yo, no él. Siempre había dicho, "El me hace enojar, él me hizo hacerlo." De ese día en adelante cambió mi manera de pensar, y nunca más le di ese poder a otra persona, incluyendo a mi hermano. El poder sobre mis pensamientos y sentimientos está dentro de mí."

El facilitador compartirá ejercicios de cómo regular nuestras emociones. Cuando podamos regular nuestras emociones, tendremos una manera poderosa de vivir.

INFORMACION ADICIONAL SOBRE LOS SISTEMAS DE APOYO

En *Bowling Alone* (2000) Robert Putnam describe el capital social (o sistemas de apoyo) como algo tan importante como el capital financiero. Habla de nuestra conexión con otros, nuestras redes de trabajo, las cosas que hacemos por otros con la confianza y conocimiento que ellos harían lo mismo por nosotros. Las personas bien conectadas sienten una obligación mutua de ayudar a otros, tienen "bancos de favores." Un hombre dijo, "Es la regla de oro. Yo haré esto por ti sabiendo que más adelante me regresarás el favor."

Las personas tienen capital social, igual que las comunidades. Mientras que las personas tienen muchas conexiones con otras personas, las comunidades cuentan con grupos y organizaciones como ligas de boliche, grupos de servicio, sindicatos, organizaciones religiosas, etc.

Existen dos tipos de capital social: *el capital de relación y el de enlace.*

El capital social de relación es el que tenemos con nuestros amigos más cercanos. Es exclusivo, manteniendo fuera a otros. Se trata de pertenencia e identidad. Otros en nuestro grupo de enlace tienen muchos de los mismos recursos y conexiones que nosotros. Algunos ejemplos de capital de relación son las organizaciones fraternales culturales, los grupos de lectura de la iglesia, y los clubes sociales. Algunos grupos de relación son dañinos, como las pandillas, el Ku Klux Klan, o ciertas personas en los barrios que tienen actitudes violentas.

El capital social de enlace es el que tenemos con personas fuera de nuestro círculo usual e incluye personas con antecedentes diferentes. Algunos ejemplos de capital de enlace son los movimientos de derechos humanos, los clubes de servicio de jóvenes, la cámara de comercio, United Way, y demás. Cuando se tiene capital de enlace, puede que no haya amistades cercanas pero habrá muchos conocidos y conexiones.

Putnam dice que el capital de relación es bueno para sobrevivir mientras que el capital de enlace es bueno para ir hacia adelante. Con esto quiere decir que nuestros amigos de capital de relación tendrán los mismos contactos y conocerán las mismas oportunidades de trabajo que nosotros. Pero alguien fuera de nuestro círculo normal tendrá contactos que nosotros no tenemos y puede darnos buenas pistas de trabajo y otros recursos.

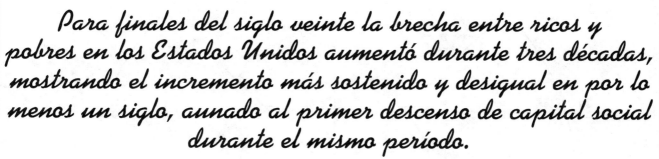

Para finales del siglo veinte la brecha entre ricos y pobres en los Estados Unidos aumentó durante tres décadas, mostrando el incremento más sostenido y desigual en por lo menos un siglo, aunado al primer descenso de capital social durante el mismo período.

—Robert Putnam, Bowling Alone

ACTIVIDAD

Vamos a crear dos modelos mentales que nos ayudarán a evaluar nuestro propio capital social.

MODELO MENTAL PARA EL "CAPITAL SOCIAL"

1. Utilizar una hoja completa para crear el modelo mental. Dibujar un círculo pequeño dentro de otro más grande. El centro del círculo lo representa a usted.

2. Pensando en el círculo como un pastel, dibujar ocho pedazos iguales y escribir los siguientes nombres a las afueras del círculo grande: Hogar, Otra familia, Amigos, Trabajo, Escuela, Clubes y Organizaciones, Grupos Religiosos/Espirituales, Agencias Formales/Institutos Formales.

3. En cada sección del pastel, colocar las iniciales de las personas en su vida. Aquellos que tengan relaciones cercanas con usted irán en el círculo interno, mientras que aquellos con potencial de capital de enlace irán en el círculo de afuera.

DISCUSION

1. ¿Cuántas personas nombró como capital social de relación? ¿Quiénes son y por qué los nombró? ¿Cuántas personas nombró como capital de enlace? ¿Quiénes son y por qué los nombró?

2. ¿Cuáles son las cosas positivas que ve en sus relaciones cuando revisa este modelo mental?

3. ¿Qué aspectos negativos encuentra en sus relaciones?

4. Si usted decidiera hacer un cambio en el futuro, ¿cómo le ayudaría esta información?

5. ¿Provoca en usted algún impacto para su futuro ver este patrón el día de hoy?

6. ¿Cómo puede reforzar su sistema de apoyo social?

7. ¿Cuál grupo económico cree usted que tiene la mayor cantidad de capital social? ¿Funciona para ellos?

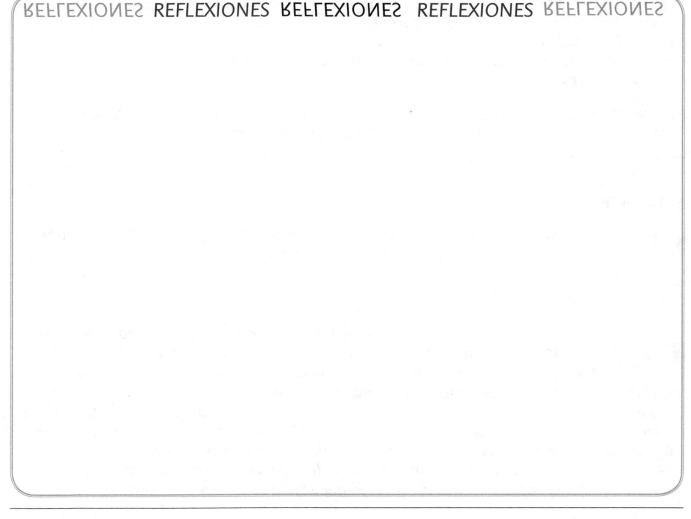

REFLEXIONES REFLEXIONES REFLEXIONES REFLEXIONES REFLEXIONES

En el espacio siguiente, escribir o dibujar sus pensamientos o ideas
sobre su propio capital de relación y de enlace.

REFLEXIONES REFLEXIONES REFLEXIONES REFLEXIONES REFLEXIONES

INFORMACION ADICIONAL SOBRE MOTIVACION Y PERSISTENCIA

Aquí hay algunas cosas que sabemos sobre el cambio:

El cambio siempre va a suceder. De algunos cambios, no tenemos el control mientras que de otros sí. El cambio no siempre es fácil. Implica sabiduría, valor y la motivación para cambiar. Investiguemos el tema de la motivación revisando el trabajo de William Miller y Stephen Rollnick, quienes escribieron *Motivational Interviewing* (2002). También vale la pena el trabajo de Steve Andreas y Charles Faulkner, quienes editaron NLP, *The New Technology of Achievement* (1993). (ANOTACIÓN: NLP significa Programación Negro Lingüística).

SABIDURIA Y VALORES

 Necesitamos sabiduría para conocer lo que debemos cambiar. Para encontrar lo que debemos cambiar necesitamos entender nuestra escala de valores.

Los valores describen lo que la vida significa para nosotros, lo que es importante para nosotros. Tienen influencia sobre nuestra motivación. Nos movemos hacia lo que valoramos y lejos de lo que no valoramos. Por ejemplo, si una mujer valora altamente el dinero, ella tomará decisiones y acciones hacia cosas que produzcan dinero. Estará motivada para hacer dinero. Si una mujer sueña y valora tener cierta vivienda en cierto barrio, ella tomará decisiones y pasos para obtener esa casa. Está motivada para obtener esa casa en particular. Si una mujer valora altamente, las relaciones tomará decisiones y hará cosas para mantener esas relaciones. Estará motivada para mantener esas relaciones.

Algunas personas se desconectan de sus valores. Cuando eso sucede, pierden su motivación y terminan sentados en frente de la televisión por horas, pasando los canales, como si hubieran perdido su razón para vivir.

MOTIVACIÓN

 Otra cosas que debemos cambiar es la motivación. Miller y Rollnick describen la motivación como el hecho de estar listo, dispuesto y capaz.

"DISPOSICION"

Cuando primero pensamos en cambiar algo ponemos esa idea en una balanza. En un lado de la balanza está lo que tenemos ahora y en el otro lo que podríamos tener, o lo que queremos. Para que tengamos la disposición de cambiar la balanza tiene que favorecer el lado de "lo que queremos", o hacia el futuro. La balanza está en movimiento mientras encontramos si el cambió valdrá la pena todo el esfuerzo. En ocasiones el cambio que queremos puede estar en conflicto con otras cosas que valoramos. Por ejemplo, ya hemos aprendido que para lograr lo que queremos, tenemos que dejar a un lado las relaciones, al menos por un tiempo. Así que, si queremos regresar a la escuela (porque valoramos la educación), la balanza puede jugar entre el lado de ir a la escuela y el de nuestro deseo de estar con amigos.

La clave para estar a disposición es el tamaño de la brecha entre lo que tenemos ahora y lo que podríamos tener, la diferencia entre lo que es y lo que podría ser. Entre más grande es la diferencia, más será la disposición para cambiar.

Al colocar este concepto en el registro casual, un hombre dijo, "La vida es como un sándwich y cada día es como otro bocado." A alguien puede no le guste el sándwich pero está dispuesto a comerlo todos los días. Si recordara a qué saben las cerezas, quizás decidiría hacer cambios para comer más cerezas y menos sándwiches. La distancia entre lo que tiene ahora y lo que podría tener le puede ayudar a tener la disposición para cambiar.

"CAPAZ"

Para ser capaces de cambiar tenemos que confiar en que podemos hacer lo que se requiera, que sabemos los pasos, y que nos podemos imaginar moviéndonos hacia adelante. Tenemos que pensar positivamente y con determinación. Cuando queremos cambiar (cuando estamos dispuestos) pero no vemos la manera de hacerlo, a menudo regresamos a una manera de pensar negativa, pensamos que estamos destinados al fracaso y esto conlleva a vivir nuevamente para el momento y perder nuestra motivación.

"LISTO"

Para estar listos tenemos que movernos más allá de la fase, "lo haré mañana" y "sí, pero..." Para esto tenemos que perder nuestro miedo al fracaso y al éxito, y dirigirnos hacia lo que queremos.

Andreas y Faulkner dicen que la motivación es una estrategia mental sencilla que podemos aprender a utilizar. Ellos dicen que uno siempre está motivado por algo. De hecho, en ocasiones estamos demasiado motivados. Algunos estamos demasiado motivados por los chocolates, el sexo, los cigarrillos y varias cosas más. En ese caso debemos aprender algunas estrategias contra la motivación, que incluyen el auto control y el control de los impulsos.

¿Pero qué sucede cuando notamos la gran diferencia entre lo que tenemos ahora y lo que podríamos tener? ¿Qué pasa cuando las cosas que valoramos parecen estar fuera de nuestro alcance? ¿Qué tenemos que hacer para motivarnos?

Andreas y Faulkner dicen que existen dos estrategias básicas de pensamiento sobre la motivación. Aquellos que se "mueven hacia delante" y aquellos que se "mueven lejos" de lo que no quieren.

CARACTERISTICAS DE LOS PENSADORES DE "MOVERSE HACIA"

- Saltan de la cama en la mañana, ¡están listos para andar!
- Planean con anticipación lo que quieren hacer, como reunirse con amigos, ir a pescar, etc.
- Escogen amigos que los mantienen en la movida, que les parecen interesantes.
- Aprovechan las oportunidades cuando estas aparecen.

Ventajas de los Pensadores de "Moverse Hacia" lo que quieren:

- Orientados por sus metas.
- Terminan las cosas.
- Obtienen trabajos porque concuerdan con lo que están buscando los empleadores.

Desventajas de los Pensadores de "Moverse hacia" lo que quieren:

- No piensan lo suficientemente profundo sobre los problemas.
- Se apresuran a las cosas.
- Tienen que aprender ciertas cosas "por las malas."

CARACTERISTICAS DE LOS PENSADORES DE "ALEJARSE" DE LO QUE NO QUIEREN

- Se quedan esperando hasta que la amenaza de lo que va a suceder llega a ser demasiado.
- Esperan para cambiar las cosas hasta que estas ya son verdaderamente incómodas.
- Eligen amigos que no los molesten.
- Esperan a cambiarse de trabajo hasta que no pueden aguantar un minuto más.

Ventajas de los Pensadores de "alejarse" de lo que no quieren

- Cuidadosos para no meterse en asuntos.
- Recuerdan los malos momentos para mantenerse motivados.
- Buenos para identificar y resolver problemas.

DESVENTAJAS DE LOS PENSADORES DE "ALEJARSE" DE LO QUE NO QUIEREN

- Tienen miedo de probar cosas nuevas.
- Se involucran demasiado en los problemas.
- Cuando se liberan del dolor y la presión para cambiar, ya no hay motivación.
- La motivación va y viene con las amenazas.
- Ponen menos atención en donde terminarán cuando están mirando atrás hacia a los problemas, en lugar de ver hacia adelante.
- Nivel de estrés mucho más elevado, riesgo de contraer problemas de salud.

Lo mejor es aprender a utilizar ambas estrategias con énfasis en la de "moverse hacia." Podemos lograr esto al monitorear nuestras estrategias de motivación y practicar nuevas maneras de pensar y actuar.

VALENTIA

La oración de la serenidad, atribuida a Reinhold Niebhur, tiene algo que comentar sobre la motivación:

*Dios,
dame la serenidad para
aceptar las cosas que no puedo
cambiar; la valentía para cambiar las que
puedo cambiar, y la sabiduría para
reconocer la diferencia.*

Este concepto aplica tanto a lo que estamos haciendo sobre pobreza como a la recuperación de una adicción.

Cuando pensamos en cambio y motivación, tenemos que considerar lo que haremos con nuestra propia vida, así como lo que haremos con respecto a la pobreza en nuestra comunidad. ¿Qué podríamos cambiar en nosotros? ¿Qué podríamos cambiar en nuestras comunidades? Cuando hayamos contestado estas preguntas, sabremos el valor que tomará moverse hacia la prosperidad. Por cierto, la prosperidad de la que estamos hablando no es únicamente financiera, es un sentimiento total de bienestar, éxito, plenitud, y sí, felicidad.

Uno sabe que está motivado cuando se encuentra que el que hace los argumentos para el cambio uno mismo y no alguien más.

DISCUSION

1. ¿Qué efecto la pobreza sobre los valores personales?
2. ¿Cuáles son algunas cosas que hacen que la gente pierda su motivación?
3. ¿Cómo podría reconocer cuando está dispuesto a cambiar?
4. ¿Qué tanto valora salirse de la pobreza y hacia una estabilidad económica?
5. ¿Qué le podría ayudar a sentirse confiado sobre la transición hacia una estabilidad económica?
6. ¿Cómo podría saber cuando está listo para el cambio?
7. ¿Qué estrategia de motivación tiende a utilizar usted con más frecuencia?
8. ¿Cómo sería si utilizara la estrategia de "moverse hacia" más seguido?

En el espacio siguiente, escribir o dibujar sus pensamientos
sobre la motivación y el cambio.

REFLEXIONES REFLEXIONES REFLEXIONES REFLEXIONES REFLEXIONES

ACTIVIDAD

Actividad: Casos de estudio... Es importante obtener destreza en el análisis de los recursos, ya que antes de que terminemos usted tendrá que hacer una auto-evaluación de sus propios recursos. La mejor manera, que sirve como práctica, es analizar algunos casos de estudio.

Tiempo: 30-90 minutos

Materiales: Casos de estudio provistos por el facilitador

Procedimiento: 1) Estudiar un caso a la vez.

2) Leer y calificar cada caso de estudio usando la tabla en la próxima página. Verá que para cada recurso existen cinco niveles: (1) = Urgente/Crisis, (2) = Vulnerable/Alto Riesgo, (3) = Estable, (4) = Seguro, (5) = Abundante/Compartir. Leer cinco descripciones para cada recurso y decidir cual encaja mejor con la información en el caso de estudio.

3) Compartir sus calificaciones con otros y discutir como llegó a sus propias decisiones. Es importante que todos adquieran destreza en el pensamiento concreto. Una de las mejores maneras es escuchar lo que piensan los demás para ordenar y explicar sus propias ideas. Está bien construir sobre las ideas de otros.

4) Buscar los recursos fuertes y débiles de cada persona. Los recursos fuertes son los que utilizará para desarrollar los demás.

Formular su propio caso de estudio: Pensar en alguien que conozca que ha logrado estabilidad económica y hacer una entrevista sobre sus recursos. Informar al grupo lo que ha aprendido.

TABLA DE CALIFICACIÓN DE RECURSOS

	(1) Urgente/Crisis	(2) Vulnerable/Alto Riesgo	(3) Estable	(4) Seguro	(5) Abundante/ Regresar
Financiero	No cuenta con ingresos suficientes para comprar los bienes y servicios necesarios.	Tiene algún ingreso, pero no el suficiente, para comprar los bienes y servicios necesarios, menos para ahorrar dinero.	Tiene suficiente ingreso para comprar los bienes y servicios necesarios, también para tener dinero ahorrado en caso de una crisis.	Tiene suficiente ingreso para comprar los bienes y servicios necesarios, para ahorrar para emergencias y para invertir en el futuro.	Busca de manera activa la forma de aumentar los valores financieros personales y ayuda a construir valores comunitarios.
Emocional	No puede escoger o controlar sus respuestas emocionales. A menudo actúa haciéndose daño a sí mismo y a otros.	A veces puede escoger y controlar su respuesta emocional. A veces actúa haciéndose daño a sí mismo y a otros.	Casi siempre puede escoger y controlar su respuesta emocional. Casi nunca actúa de manera dañina a sí mismo y a otros.	Se demuestra capaz de escoger y controlar sus respuestas emocionales. Se involucra en comportamiento positivo hacia otros.	Busca de manera activa la manera de mejorar su salud y la de otros.
Mental	No tiene la habilidad, la educación o la destreza para competir por trabajos bien pagados	Tiene cierta habilidad, educación y destreza para competir por trabajos bien pagados.	Tiene suficiente habilidad, educación y destreza para competir por trabajos bien pagados.	Tiene bastante habilidad, educación y destreza para competir por trabajos bien pagados.	Busca de manera activa mejorar sus habilidades existentes, su educación y su destreza, construye recursos mentales para la comunidad.
Lenguaje	No tiene el vocabulario, el manejo del lenguaje ni la destreza de negociación necesarios para el ámbito de trabajo.	Tiene cierto vocabulario, manejo del lenguaje y destreza de negociación necesarios para el ámbito de trabajo.	Tiene suficiente vocabulario, manejo del lenguaje y destreza de negociación necesarios para el ámbito de trabajo.	Tiene bastante vocabulario, manejo del lenguaje y destreza de negociación necesarios para el ámbito de trabajo.	Busca activamente mejorar sus bases ya fuertes de vocabulario, manejo del lenguaje y destreza de negociación, y trabaja para construir recursos de lenguaje en la comunidad
Apoyo Social	No tiene amistades positivas, familia o conexiones que le puedan ayudar a mejorar sus recursos.	Tiene algunas amistades positivas, familia o conexiones que le puedan ayudar a mejorar sus recursos.	Tiene suficientes amistades positivas, familia o conexiones que le puedan ayudar a mejorar sus recursos.	Tiene bastantes amistades positivas, familia o conexiones que le puedan ayudar a mejorar sus recursos.	Desarrolla de manera activa redes de recursos sociales que pueden ayudar a mejorar los recursos personales y de la comunidad.
Físico	No tiene salud física o movilidad para el ámbito de trabajo.	Tiene algunos problemas de salud física y movilidad que podrían limitar su efectividad en el ámbito de trabajo.	Tiene la salud física y movilidad necesaria para el ámbito de trabajo.	Mantiene de manera consistente buena salud física y la movilidad necesaria para sí mismo y otros en el ámbito de trabajo.	Desarrolla de manera activa recursos físicos para sí mismo, su trabajo y la comunidad.
Espiritual	No tiene conexiones culturales o el sentido de propósito espiritual que ofrece apoyo y guía.	Tiene algunas conexiones culturales o sentido de propósito espiritual que ofrece apoyo y guía.	Tiene suficientes conexiones culturales o sentido de propósito espiritual que ofrece apoyo y guía.	Tiene bastantes conexiones culturales o sentido de propósito espiritual que ofrece apoyo y guía.	Busca de manera activa conexiones culturales y/o crecimiento espiritual.
Integridad y confianza	No se puede confiar que guarde su palabra, que realice tareas o que siga las leyes aún bajo supervisión.	A veces se puede confiar que guarde su palabra, que realice tareas o que siga las leyes bajo supervisión.	Se puede confiar que guarde su palabra, que realice tareas o que siga las leyes, sin supervisión.	Se puede confiar invariablemente que guarde su palabra, que realice tareas o que siga las leyes, y a inspirar a otros a que hagan lo mismo.	Busca de manera activa fortalecer la integridad y confianza, pone lineamientos éticos altos para su trabajo y la comunidad.
Motivación y Persistencia	No tiene energía o fuerza para preparar, planear, realizar proyectos trabajos y transformación personal.	Tiene cierta energía y fuerza para preparar, planear, realizar proyectos, trabajos y transformación personal.	Tiene suficiente energía y fuerza para preparar, planear, realizar proyectos, trabajos y transformación personal.	Tiene bastante energía y fuerza para preparar, planear, realizar proyectos, trabajos y transformación personal.	Busca de manera activa mantener la motivación y la persistencia, así como ayudar a otros a encontrar la suya.
Relaciones/ Modelos	No tiene acceso a otras personas que sean seguros, de apoyo o educación.	Tiene acceso limitado a otras personas que sean seguros, de apoyo y educación.	Tiene suficiente acceso a otras personas que sean seguros, de apoyo y educación.	Tiene bastante acceso a otras personas que sean seguros, de apoyo y educación.	Busca de manera activa a otras personas que sean seguras, de apoyo y educación. Es seguro, de apoyo y educación para otros.
Conocimiento de las reglas ocultas	No conoce las reglas ocultas de otras clases económicas.	Tiene alguna noción de las reglas ocultas de otras clases económicas pero no las puede utilizar.	Conoce las reglas ocultas de otras clases económicas y las puede utilizar de manera personal.	Conoce las reglas ocultas de las tres clases económicas y puede utilizar casi todas de manera efectiva en un número limitado de ambientes.	Busca de manera activa comprender las reglas de las tres clases económicas y las usa de manera efectiva en la mayoría de los ambientes.

Adaptado de la obra de Jennifer Clay, Opportunities Industrialization Center of Clark County, Springfield, Ohio

DISCUSION

Una vez que el grupo ha analizado varios casos de estudio, suficientes para realizar pensamiento concreto sobre los recursos, discutir sobre estas preguntas.

1. ¿Qué recursos impactan la pobreza de manera más severa?
2. ¿Qué recursos son los más difíciles de evaluar?
3. ¿Cuáles recursos cree que son los más importantes para tener una vida bien balanceada?
4. Mientras el grupo trabajó en los casos de estudio, ¿de qué manera el pensamiento del grupo se solidificó?

UTILIZANDO ESTA INFORMACIÓN

Darío es un hombre blanco de 34 años que se crió en la pobreza. Aún está en la pobreza, pero esta historia se trata del comienzo de su transición hacia fuera. El abandonó la escuela y tuvo diversos trabajos, el mejor fue uno de manufactura en una ciudad mediana en Ohio. Se ha cambiado frecuentemente de lugar, ha vivido en varios estados y con varias mujeres. Después de un divorcio reciente, regresó a Ohio en busca de trabajo y está viviendo con algunos amigos. Darío quiere la patria potestad de su hija porque su ex esposa tiene una enfermedad mental grave. Sin embargo, la única manera de obtener la custodia de su hija es establecer un hogar. Los recursos más fuertes de Darío son el emocional, el físico y el motivación al. Sus recursos más débiles son el financiero, los sistemas de apoyo y el conocimiento de las reglas ocultas de la clase media.

Darío aplicó para trabajos en la fábrica de manufactura varias veces sin resultado, antes de comenzar *Hacia Adelante*. Decidió intentarlo de nuevo, esta vez utilizando lo que aprendió sobre las clases económicas.

Fue a aplicar a la fábrica, pero esta vez no solo entregó su solicitud sino que se quedó a platicar con la secretaria que recibía los papeles. Le explicó por qué quería el trabajo (establecer seguridad económica, obtener la patria potestad de su hija) y le contó que ya había trabajado allí anteriormente y que sabía hacer el trabajo. Después preguntó por un hombre que trabajaba ahí cuando él también trabajaba. Resultó que el hombre ahora se encontraba en la gerencia. En ese momento la secretaria arregló para que Dale pasara a platicar con el gerente.

Cuando Darío entró a la oficina, estaba nervioso y tropezándose con el lenguaje. Entonces pensó, solo debo ir y lograrlo. Una vez más se explicó a sí mismo que quería proveer para su hija, obtener y mantener un buen trabajo, establecer un hogar y como ahora se encontraba en un punto en su vida, que necesitaba hacer un gran cambio. El gerente se impresionó y le dijo a Darío que tenía el trabajo, pero que tendría que hacer algo antes. Tendría que cortarse la cola de cabello. La planta se encontraba bajo una nueva dirección y una de las reglas que había cambiado era respecto al cabello largo. Un hombre que había trabajado ahí durante años prefirió dejar su trabajo en vez de cortarse el cabello. Dale reconoció que esto es un conflicto en las reglas ocultas y eligió cortarse el cabello para su trabajo. El empleo provee un salario suficiente para vivir y además, beneficios. Dale se movió a un apartamento pequeño cerca de la planta para ahorrar dinero.

DISCUSION

1. ¿Qué recursos está intentando desarrollar Darío?

2. ¿Qué recursos utilizó? ¿Cómo los utilizó?

3. ¿Qué reglas ocultas ocupó? ¿Cómo las utilizó?

4. ¿De qué manera utilizó Darío la mediación cuando habló con el gerente?

5. ¿Qué tanto importó que el gerente no conociera las reglas ocultas de la manera en que se enseñan aquí?

6. ¿Cuál estrategia de motivación utilizó Darío?

7. ¿Qué tendrá que hacer Darío para mantener sus cambios?

En el espacio siguiente, escribir o dibujar sus propios pensamientos
acerca de los recursos y encontrar el equilibrio en la vida.

REFLEXIONES REFLEXIONES REFLEXIONES REFLEXIONES REFLEXIONES

NUEVO NUEVO NUEVO NUEVO NUEVO **VOCABULARIO** NUEVO NUEVO NUEVO NUEVO NUEVO

Palabras   Significados

MODULO 7

Etapas del Cambio

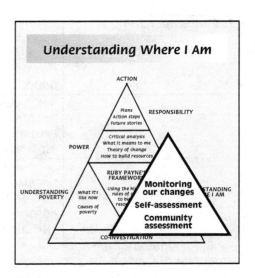

Understanding Where I Am

Objetivos del Aprendizaje		
QUE CUBRE	**POR QUE ES IMPORTANTE**	**COMO SE RELACIONA CON USTED**
Usted podrá: Obtener una definición funcional de lo que significa estar motivado. Aprender las "etapas del cambio." Evaluar su etapa de cambio. 	Esta información es importante porque tenemos que tener control de nuestros propios cambios. A menudo nos hacen evaluaciones y nos dan planes a seguir. Parte de tomar el control de nuestras vidas es hacer y monitorear nuestro propio cambio. Esta información nos ayuda a visualizar donde estamos.	Anteriormente aprendimos sobre la teoría del cambio para este trabajo. Dijimos que la gente en pobreza necesita moverse hacia lo abstracto para obtener nuevas ideas. Las "etapas del cambio" son una de las tres áreas que hay que explorar. En el momento de comenzar nuestra planeación, tendremos que regresar a esta información. Hasta entonces, continúe evaluándose y vea donde se encuentra en las etapas del cambio.

En su modelo de las "etapas del cambio," William Miller nombra cinco etapas. Pasamos por estas casi siempre que hacemos algún cambio. Ser conciente de estas etapas nos puede ayudar a movernos por entre ellas de manera más efectiva.

Etapas del Cambio	
1. Contemplación preliminar	No estamos pensando en cambiar. Puede que no sepamos cómo, así que no nos molestamos con el tema. Puede que no hayamos sufrido tanto, así que no vemos la necesidad. No estamos dispuestos.
	Ejemplo: Digamos que alguien (en este caso una mujer) ha fumado durante mucho tiempo. Ella sabe que es malo para su salud, pero está cansada de que todo el mundo se lo diga. Entre más la animan otras personas a que deje el cigarro, más siente ella que están invadiendo sus derechos y libertades. Ella nunca espera cambiar, y lo que es más, no quiere cambiar.

2. Contemplación	Estamos abatidos y preocupados, y empezamos a considerar un cambio, pero aún no estamos convencidos. Esta etapa es de solo pensar y podemos durar mucho tiempo en ella. Al saber esto, tal vez podremos pasarla más rápidamente. Hay dos aspectos importantes a tratar en esta etapa: la ambivalencia y la identidad.
	Ambivalencia: Es cuando queremos cambiar pero no queremos cambiar. Pensamos en los costos y beneficios, lo que obtendremos y lo que perderemos. Pensamos en nuestros compañeros, como mantendremos su respeto si cambiamos. Nos preocupamos por lo que la gente piense o diga de nosotros.
	Identidad: Nos preocupa que no seamos la misma persona si cambiamos. ¿Nos rechazará la gente que esta en nuestra vida ahora, si cambiamos? El miedo al fracaso toma parte en esto, así como el miedo al éxito. Nos preguntamos que pasaría si no cambiamos. Más que nada, cuando estamos dudando, pensamos, "¡déjalo para después!"

Ejemplo: Algo pasa que hace que la protagonista de nuestra historia comience a pensar. Alguien que conoce muere de cáncer; un niño le pide que deje de fumar, o le da asco como huele su ropa. Se detiene a pensar un largo rato, "Soy fumadora. Siempre lo he sido, siempre lo seré." Es difícil cambiar esta identidad.

3. Preparación:	Por primera vez comenzamos a hacer el argumento para el cambio. No se lo dejamos a otros que parecen siempre saber que es lo mejor para nosotros. Esa es señal de que estamos motivados. Pensamos, "Voy a cambiar, y estoy descubriendo qué hacer." Intentamos cambiar en el futuro cercano. Estamos en transición, así que hacemos pequeños cambios en nuestro comportamiento y jugamos el juego "si/pero."
	Ejemplo: Nuestra fumadora ha decidido dejar el cigarro, pero solo de cierta manera. Hace el cambio a cigarros con baja nicotina y alquitrán, intenta fumar menos, puede probar los parches, e inclusive lo deja un par de días; pero no les cuenta a sus amigas lo que intenta hacer.

4. Acción	Lo estamos haciendo, pero tambaleando. Hacemos un compromiso público para el cambio, ya hicimos un plan e intentamos apegarnos a él. Cuando tenemos cierto éxito empezamos a pensar que lo podemos lograr. Puede que no haya cambiado la identidad, pero estamos pensando diferente.
	Ejemplo: Nuestra fumadora todavía se ve a sí misma como fumadora, y promete nunca convertirse en esas personas que dejan el tabaco y se convierten en anti fumadores fervientes. Su plan se desarrolla a partir de la fase de preparación y ahora toma una clase sobre comportamiento y utiliza parches. Inclusive tiene un plan para prevenir alguna recaída e intenta mantener la puerta trasera cerrada para evitar salir corriendo cuando tenga problemas.

5. Mantenimiento	Ya lo logré, ahora estoy trabajando para mantenerlo. Pero aún no es algo seguro. Muchas cosas pueden provocar una recaída, así que hay que apegarse a los planes durante algún tiempo. Hay que esforzarse para prevenir una recaída, y recuperarse rápidamente si llega a ocurrir.

Ejemplo: nuestra "no fumadora" trabaja arduamente para mantenerse libre de cigarros y conforme pasa el tiempo empieza a ganar confianza real en ella misma. Su identidad cambia lentamente y se siente cómoda con su nuevo estilo de vida.

Actividad

Actividad: Evaluar sus propios cambios

Tiempo: 10 minutos

Materiales: Papel para anotaciones o utilizar el espacio de abajo.

Procedimiento:
1) Pensar en un cambio que haya hecho y escribir o dibujar la historia.
2) Identificar con un marcador de color, o bien remarque sobre su dibujo, para mostrar donde ocurrieron las etapas del cambio en su historia.
3) Compartir su historia con otra persona y escuche la de ellos. Ayudarse a identifica de qué manera y cuándo sucedieron las etapas del cambio.

DISCUSION

Hacer una lista mientras discute estas preguntas:

1. ¿Qué razones da la gente más frecuentemente de no poder cambiar? ¿Qué barreras de cambio son causadas por la gente en la pobreza?

2. ¿Qué barreras de cambio se crean por vivir en la tiranía del momento, por la pobreza misma?

3. ¿Qué barreras de cambio son creadas por las agencias?

4. ¿Qué barreras de cambio son creadas por la comunidad y las estructuras económicas y políticas?

5. ¿Qué es lo más difícil de cambiar?

NUEVO NUEVO NUEVO NUEVO NUEVO **VOCABULARIO** NUEVO NUEVO NUEVO NUEVO NUEVO

Palabras	Significados

MODULO 8

Auto-evaluación de los recursos

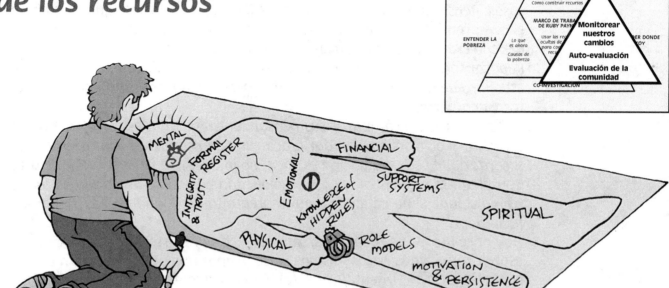

Objetivos del Aprendizaje

QUE CUBRE

Usted podrá:

Hacer una auto-evaluación de sus propios recursos.

Crear un modelo mental que resume los niveles de sus propios recursos.

Crear una lista de estrategias para construir cada recurso.

Crear una lista de reglas ocultas que se necesitarían para construir cada recurso.

POR QUE ES IMPORTANTE

Los once recursos cubren todos los aspectos de la vida. Es importante que haga una valoración de toda su vida, no solo de fragmentos del modelo mental de "como están las cosas ahora."

COMO SE RELACIONA CON USTED

Hemos repasado la información que necesitamos para tener un panorama acertado de nuestra situación económica.

Hemos investigado los sistemas económicos/políticos, y aprendido las reglas ocultas, asuntos del lenguaje y los recursos.

Ahora es tiempo de utilizar esta información para hacer cambios.

El primer paso es hacer una evaluación acertada de sus propios recursos. Cuando terminemos con esto, haremos una evaluación de la comunidad, luego comenzaremos a hacer nuestros propios planes.

ACTIVIDAD

Actividad: Auto-evaluación
Tiempo: 45-60 minutos
Materiales: Hojas de trabajo
Procedimiento:

1) Antes de comenzar con esta actividad, detenerse a pensar: ¿Cómo va a abordar esto? ¿Qué actitud va a tomar? Esta investigación demanda dos cosas: Pensamiento compacto y honestidad. Es importante que usted haga el compromiso de hacer su mejor intento. Elejir su actitud como si su futuro dependiera de esto, porque en un sentido real, así es.

2) Repasar todos los modelos mentales que ha creado durante el trabajo con este libro de trabajo. Hacer los cambio necesarios para mantenerlos exactos y actualizados.

3) ¿Está dispuesto a compartir sus pensamientos y puntajes con otros? A veces escuchar a otros puede ayudar a aclarar el pensamiento. Al mismo tiempo, recordar que esta evaluación es suya, no lo que otra persona diga de usted.

4) Completar la siguiente lista usted solo, cada persona trabajando de manera individual. Si no entiende alguna pregunta pedir una explicación al co-facilitador.

5) Hay once juegos de preguntas, uno para cada recurso. Las descripciones están organizadas en los mismos cinco grupos que utilizamos para el MÓDULO 6: (1) = Urgente/Crisis, (2) = Vulnerable/Alto riesgo, (3) = Estable, (4) = Seguro, (5) = Abundancia/Compartir. En este módulo describiremos cada uno de los cinco grupos en detalle. Completar este material colocando una palomita junto a cada descripción que aplique a usted.

6) Una vez que termina el recurso, repasar las palomitas y vea lo que es real para usted. Debajo de cada recurso hay un espacio para que resuma su situación. Englobar el número que corresponda al mayor número de palomitas.

7) Cuando haya repasado todos los recursos de esta manera, tomar los puntajes al final de cada uno y transferirlos a la tabla de barras en la página 100. Por ejemplo, si sus recursos financieros se encuentran en la categoría Vulnerable/Alto Riesgo, o (2), colocar una marca en la fila 2 debajo del encabezado Financiero. Esto creará un modelo mental de sus recursos.

8) Hacer estas hojas de trabajo tal y como si su situación fuera otro caso de estudio, como si estuviera viendo el impacto de la pobreza en su vida desde afuera. Separarse de todos los problemas le ayudará a verlo con más claridad.

9) A veces puede ser doloroso hacer una auto-evaluación, especialmente si varios de nuestros recursos están en situaciones de crisis o son vulnerables. Sería natural que nos quisiéramos ayudar un poco, reducir el dolor poniéndonos puntajes más altos de lo que son en realidad, pero ahora es el momento de pensar duro y concreto. También es hora de identificar nuestros recursos más fuertes, ya que estos son los que nos ayudarán a construir los que son vulnerables o de alto riesgo.

Recurso: Financiero		
Descripción	**Descripción detallada del recurso**	✔
No tiene suficiente ingreso para comprar bienes y servicios necesarios.	No tengo trabajo. Trabajo menos de tiempo completo. Cuando trabajo, mis salarios generalmente es de menos de $8 la hora. Mi ingreso familiar está por debajo del límite federal de pobreza. Mis empleadores generalmente no proveen seguro de salud. No tengo hogar. A veces vivo en refugios. A menudo vivo con personas que no son mis familiares, La mitad de mis ingresos (50% o más para vivienda.) La casa en la que vivo no es segura. Utilizo subsidio del gobierno, como estampillas de alimentos, asistencia de dinero, tarjeta médica, y HEAP (Programa de Asistencia para Energía de Vivienda). Utilizo servicios de día de pago, adelanto de efectivo o canjeo de cheques. Voy a las tiendas de alquiler/compra para obtener mis aparatos y muebles. No tengo carro u otro medio de transporte. El transporte que tengo no es confiable.	*Urgente/Crisis*
Tiene algún ingreso, pero no es suficiente para comprar los bienes y servicios necesarios y ahorrar dinero.	No tengo un trabajo de tiempo completo. Tengo dos trabajos de bajo salario. Mis trabajos generalmente pagan menos de $10 la hora. La mitad de mis ingresos (50%) vienen de entradas y/o manutención de menores. Mi ingreso familiar está en el límite de pobreza o poco más. Vivo en una vivienda subsidiada. A veces vivo con familiares. Más de un tercio de mis ingresos se dedica a vivienda. La casa donde vivo no es segura. Utilizo subsidios del gobierno como estampillas de alimentos, tarjeta médica, y HEAP, pero no asistencia de dinero. Ya no pido préstamos a los servicios de día de pago, adelanto de efectivo o canjeo de cheques. Ya no compro en tiendas de alquiler/compra. Estoy pagando mis deudas. Tengo mi carro asegurado contra daños a terceros.	*Vulnerable/Alto Riesgo*
Tiene suficiente ingreso para comprar los bienes y servicios necesarios, y para tener dinero ahorrado en caso de crisis.	Tengo un trabajo de tiempo completo, cuarenta horas a la semana. Mi trabajo paga un salario para vivir y ser auto-suficiente. Todos mis ingresos (100%) son de ganancia y/o manutención de menores. Nuestro ingreso familiar es de $35,000 o más (aproximadamente el ingreso medio para una familia en los Estados Unidos). Mi empleador paga una porción de mis servicios de seguro de salud. Mis costos de vivienda abarcan el 30% de mis ingresos. Ya pagué un enganche y compré una casa. La casa es segura. Mantengo dinero en una cuenta de ahorros para una emergencia. Utilizo servicios bancarios regulares: chequera, ahorros y préstamos. Estoy reduciendo mis deudas. Tengo acceso a un crédito justo. Tengo seguro de salud privado para mis hijos. Tengo seguro sobre mi casa/inquilinos. Para mi carro tengo seguro con cobertura por daños comprensibles y a terceros. Mi vehículo, o el transporte público que utilizo, es confiable.	*Estable*

Recurso: Financiero *(continúa)*		
Descripción	**Descripción detallada del recurso**	✔
Tiene suficiente ingreso para comprar los bienes y servicios necesarios, ahorrar para emergencias, e invertir en el futuro.	Mi trabajo paga bastante más de una salario necesario para vivir, es salario auto-suficiente. Mis ingresos familiares están por arriba de la media para ingresos familiares. Mi empleador cubre la mayoría de mis gastos de salud. Mi empleador contribuye a mis inversiones personales y de retiro. Mis gastos de vivienda corresponden al 30% o menos de mis ingresos. Tengo un fondo de emergencia. Estoy haciendo inversiones para mantenerme después de la jubilación. Pago mis tarjetas de crédito mensualmente. Tengo seguro de salud privado para mi familia. Tengo seguro para mi vivienda y mi negocio. Tengo un transporte confiable y seguro para prácticamente todas mis necesidades de desplazamiento.	*Seguro*
Busca de manera activa aumentar los activos financieros personales a lo largo del tiempo y construir activos comunitarios.	Mis ingresos familiares están bastante por arriba de la media para ingresos familiares en los Estados Unidos. Construyo mis activos: vivienda, negocios, inversiones. Mis costos de vivienda corresponden a cerca del 10% de mis ingresos. Utilizo asesores financieros para que me ayuden a construir activos. No tengo deudas fuera de un plan de financiamiento. Mi familia puede escoger los servicios de salud que necesita. Tengo múltiples opciones de transporte seguras y confiables. Ayudo a otros miembros de la comunidad a construir sus recursos financieros.	*Abundancia/Compartir*

Resumen: Circular el número que concuerda con su nivel de recursos, según sus respuestas: (1) = Urgente/Crisis, (2) = Vulnerable/Alto riesgo, (3) = Estable, (4) = Seguro, (5) = Abundancia/Compartir.

1	2	3	4	5

(Continúa en la siguiente página)

Recurso: Emocional		
Descripción	**Descripción detallada del recurso**	✔
No puede elegir o controlar repuestas emocionales. A menudo se comporta dañando a otros y a sí mismo.	A menudo no puedo nombrar los sentimientos que tengo. A menudo culpo a los demás por mis sentimientos. Pierdo el control y les grito a los demás. Amenazo y golpeo a los demás. Inicio riñas. Trato de controlar los pensamientos, sentimientos y acciones de otros. Tengo reglas rígidas sobre como deben actuar los demás. A menudo hago cosas de las que luego me arrepiento. Actúo sin pensar. A veces me hago daño físicamente. A menudo tengo una actitud negativa. Me cuesta trabajo llevarme bien con otras personas en mi trabajo.	*Urgente/Crisis*
A veces puede elegir y controlar su respuesta emocional. A veces se comporta de manera dañina hacia otros y hacia sí mismo.	A veces utilizo charlas positivas conmigo mismo para manejar los problemas. Rara vez me enojo o les grito a los demás. Rara vez me meto en peleas o amenazo a otros. Intento pensar antes de actuar. Generalmente me presento ante otros de manera positiva. Alterno entre una actitud positiva y una negativa. Generalmente acepto la responsabilidad por mis actos. Es más común que me lleve bien con las personas en mi trabajo a que tenga problemas.	*Vulnerable/Alto Riesgo*
Casi siempre puede elegir y controlar su respuesta emocional. Casi nunca se comporta de manera dañina hacia sí mismo y hacia otros.	Identifico mis sentimientos rápidamente. Utilizo mis pensamientos para controlar mis sentimientos. Generalmente elijo comportamiento positivo, aún cuanto estoy experimentando sentimientos fuertes. Usualmente elijo comportamiento positivo, aún en situaciones de estrés. Puedo resolver la mayoría de los problemas con otros hablando las cosas. Generalmente identifico mis opciones antes de actuar. Generalmente tengo una actitud positiva. Me llevo bien con la gente de mi trabajo la mayoría del tiempo.	*Estable*
Es bueno para elegir y controlar su respuesta emocional. Se involucra en comportamiento positivo hacia otros.	Casi siempre manejo mis pensamientos y sentimientos de manera positiva. Puedo dejar de lado asuntos emocionales para tratar asuntos inmediatos. Tomo la mayoría de mis decisiones basado en resultados futuros en lugar de sentimientos del momento. Casi siempre me llevo bien con la gente en mi trabajo. Ayudo a crear un ambiente positivo en mi trabajo.	*Seguro*
Busca de manera activa mejorar la salud emocional de otros y de sí mismo.	Busco formas de crecimiento emocional. Puedo enseñar a otros sobre sentimientos e inteligencia emocional. Puedo ayudar a que otros crezcan emocionalmente, a que se apoderen. Me llevo bien con personas que tengan antecedentes diferentes, clase, raza, y puntos de vista políticos.	*Abundancia/Compartir*

Resumen: Circular el número que concuerda con su nivel de recursos, según sus respuestas: (1) = Urgente/Crisis, (2) = Vulnerable/Alto riesgo, (3) = Estable, (4) = Seguro, (5) = Abundancia/Compartir

1	2	3	4	5

Recurso: Mental		
Descripción	**Descripción detallada del recurso**	✔
No tiene habilidad, educación o destreza para competir por trabajos bien pagados.	Abandoné la escuela. Tengo una discapacidad de aprendizaje para la cual no he obtenido ayuda. Generalmente no tengo un plan para las cosas que debo hacer. Resuelvo los problemas por intento y error. Tomo decisiones basadas en necesidades inmediatas, no en las necesidades futuras. Mi pensamiento es usualmente negativo. A menudo llego tarde al trabajo y a las citas.	*Urgente/Crisis*
Cuenta con alguna habilidad, educación y destreza para competir por trabajos bien pagados.	Terminé la escuela superior. Obtuve un GED (Diploma de Educación General) Conozco suficiente las matemáticas como para dar cambio y operar una calculadora. Leo lo suficientemente bien como para sostener un trabajo de salario bajo en el sector de servicios. Puedo reparar autos y fallas domésticas. Tengo la fuerza física para realizar trabajos pesados. Tecleo lo suficientemente bien como para asuntos de mecanografía. Puedo archivar en orden alfabético y numérico. Hago planes y los llevo a cabo para resolver mis problemas diarios. Generalmente llego a tiempo al trabajo y a mis citas.	*Vulnerable/Alto Riesgo*
Tiene suficiente habilidad, educación y destreza para competir por trabajos bien pagados.	He completado algunos cursos de universidad. Tengo una carrera técnica. Tomé entrenamiento vocacional después de la escuela superior. Tengo habilidades mecánicas y operativas. Obtuve certificación en algún oficio o disciplina. Me gano la vida desarrollando un oficio: por ejemplo la carpintería, plomería, electricista. Me gano la vida utilizando destrezas artísticas o creativas, como la escritura, instrumento musical, canto, pintura, etc. Hago planes detallados para el trabajo y el hogar y los llevo a cabo. A menudo resuelvo los problemas llevando a cabo pasos lógicos en el procedimiento. Cumplo con casi todos mis plazos.	*Estable*
Tiene bastante habilidad, educación y destreza para competir por trabajos bien pagados.	Tengo un título de universidad. Tengo un título de maestría. Obtuve una licencia en un área de estudio particular. Tengo las habilidades físicas o el talento natural para un buen desempeño en deportes y artes. Aliento y apoyo a los niños a lograr metas de educación. Aliento y apoyo a las personas con las que trabajo a que alcancen sus metas de educación.	*Seguro*
Busca de manera activa mejorar las habilidades, educación y destreza existentes y a construir recursos mentales para la comunidad.	Tengo un grado de maestría o doctorado. Aprendo durante toda la vida. Me gusta tener nuevas experiencias de aprendizaje. Ayudo en la comunidad a desarrollar oportunidades de alto nivel educativo para todos.	*Abundancia/Compartir*

Resumen: Circular el número que concuerda con su nivel de recursos, según sus respuestas: (1) = Urgente/Crisis, (2) = Vulnerable/Alto riesgo, (3) = Estable, (4) = Seguro, (5) = Abundancia/Compartir

1	2	3	4	5

Recurso: Lenguaje			
Descripción	**Descripción detallada del recurso**	✔	
No tiene el vocabulario, la habilidad de lenguaje o la destreza de negociación necesarias para el ambiente de trabajo.	No hablo inglés. No se leer. Mi vocabulario está en su mayoría conformado por términos específicos y concretos. Utilizo solo el registro casual en mi lengua natal. Utilizo solo el registro casual en inglés. Me cuesta trabajo usar el lenguaje para negociar con las personas en mi trabajo.		*Urgente/Crisis*
Tiene cierto vocabulario, habilidad de lenguaje y destreza de negociación necesarios en el ambiente de trabajo.	Utilizo el registro casual en inglés. Utilizo el registro formal en mi lengua natal. Puedo leer instrucciones y avisos en mi trabajo. Entiendo la mayoría de las instrucciones que obtengo de mis supervisores. Me puedo explicarlo suficiente para resolver los problemas en mi trabajo. Puedo mantener un trabajo que no requiera mucho conocimiento del lenguaje.		*Vulnerable/Alto Riesgo*
Tiene suficiente vocabulario, habilidad de lenguaje y la destreza de negociación necesaria en el ambiente de trabajo.	Mi vocabulario incluye algunos términos abstractos, particularmente aquellos necesarios en el trabajo. Puedo escribir en el registro formal. Puedo hablar en el registro consultivo, generalmente con gramática y sintaxis adecuadas. Puedo traducir lo dicho en registro formal al casual. Puedo utilizar el registro casual de manera apropiada. Puedo utilizar el lenguaje para explorar el punto de vista de otros y negociar las soluciones. Puedo presentar las ideas de manera secuencial y lineal. Puedo utilizar las "voces" adecuadamente. A veces utilizo la "mediación" con compañeros de trabajo.		*Estable*
Tiene bastante vocabulario, habilidad de lenguaje y la destreza de negociación necesaria para el ambiente de trabajo.	Tengo el vocabulario para sentirme cómodo en diversos ambientes de trabajo. Utilizo el lenguaje para expresar ideas complejas. Utilizo el lenguaje para desarrollar y mantener una profesión. Puedo ser bilingüe, en este caso, puedo funcionar fácilmente entre el registro casual y formal. Brindo a los niños una experiencia de lenguaje rica y variada. Utilizo el lenguaje para entender el punto de vista de los demás. Utilizo el lenguaje para negociar en el trabajo y situaciones personales.		*Seguro*
Busca de manera activa mejorar su ya fortalecido vocabulario y fundamentos de habilidad de lenguaje, trabaja para desarrollar recursos de lenguaje en la comunidad.	Tengo el vocabulario para sentirme cómodo en una variedad de ambientes sociales y de trabajo. Domino razonablemente, al menos otro idioma además de mi lengua natal. Utilizo el lenguaje para debatir y persuadir. Utilizo el lenguaje para resolver conflictos. Soy bilingüe en el sentido que puedo utilizar los registros casual y formal adecuadamente. Trabajo en la comunidad para desarrollar recursos de lenguaje para todos.		*Abundancia/Compartir*

Resumen: Circular el número que concuerda con su nivel de recursos, según sus respuestas: (1) = Urgente/Crisis, (2) = Vulnerable/Alto riesgo, (3) = Estable, (4) = Seguro, (5) = Abundancia/Compartir

1	2	3	4	5

Recurso: Apoyo Social		
Descripción	**Descripción detallada del recurso**	✔
No tiene amigos, familia o conexiones positivas con quien acudir para mejorar sus recursos.	Algunas personas en mi hogar o barrio representan peligro para mí y para otros. La mayoría de mi familia y amigos no apoyan mi esfuerzo por hacer cambios positivos. Situaciones con mis hijos a menudo interfieren con el trabajo y la educación, como en el caso de abandono, uso de drogas y violencia. Mi barrio es inseguro. Tengo muy poco contacto positivo con la gente de mi comunidad: servicios sociales, la policía, servicios de salud, etc. No tengo influencia o voz en los asuntos comunitarios importantes.	*Urgente/Crisis*
Tiene algunos amigos, familiares y conexiones positivas con quien acudir para mejorar sus recursos.	Una o dos personas en mi barrio son peligrosas. La mayoría, pero no todos mis amigos y familiares, apoyan mi esfuerzo por hacer cambios positivos. Situaciones con mis hijos, como el abandono, el uso de drogas y la violencia rara vez interfieren con mi trabajo o educación. Tengo algún contacto positivo con la gente de mi comunidad: servicios sociales, la policía, servicios de salud, etc. Mi barrio generalmente es seguro. Tengo muy poca influencia o voz en asuntos comunitarios importantes.	*Vulnerable/Alto Riesgo*
Tiene suficientes amigos, familiares y conexiones positivas con quien acudir para mejorar sus recursos.	Nadie en mi círculo me parece peligroso para mí ni para otros. Casi todos mis familiares y amigos apoyan mi esfuerzo por hacer un cambio positivo. El comportamiento "muy difícil" de mis hijos está bajo control. Tengo relaciones positivas con algunas personas en organizaciones comunitarias y agencias. Mi barrio es seguro. Tengo relaciones de respeto mutuo con varias personas fuera de mi círculo usual de amigos y familia. Tengo una voz e influencia significativa sobre asuntos comunitarios importantes.	*Estable*
Tiene bastantes amigos, familiares y conexiones positivas, a los cuales recurrir para mejorar sus recursos.	Vivo en un barrio seguro, en parte por las relaciones cercanas que tengo con mis vecinos. Mis familiares y amigos apoyan mi esfuerzo por hacer cambios positivos. Mis hijos usualmente se involucran en actividades sociales positivas con compañeros y adultos. Ayudo a que la gente en mi trabajo obtenga influencia y voz sobre asuntos importantes de trabajo y en la comunidad.	*Seguro*
Desarrolla de manera activa redes de recursos sociales a las que se pueda recurrir para mejorar los recursos personales y comunitarios.	Tengo un amplio círculo de amigos y familiares que me apoyan y ayudan a criar mi familia. Tengo una red sustancial de colegas profesionales positivos. Tengo conexiones sociales y financieras extensas. Ayudo a la gente de diferentes entornos y clases económicas, a adquirir influencia y poder sobre asuntos comunitarios importantes.	*Abundancia/Compartir*

Resumen: Circular el número que concuerda con su nivel de recursos, según sus respuestas: (1) = Urgente/Crisis, (2) = Vulnerable/Alto riesgo, (3) = Estable, (4) = Seguro, (5) = Abundancia/Compartir

1	2	3	4	5

Recurso: Físico		
Descripción	**Descripción detallada del recurso**	**✔**
No tiene la salud física o la movilidad para el trabajo.	Necesito ayuda para cuidar mi propio cuerpo. Regularmente hago cosas que son malas para mi salud. Tengo problemas con la bebida o las drogas y/o una enfermedad mental. Tengo una enfermedad relacionada con el estrés. Tengo una o varias enfermedades crónicas. Tengo problemas con mis dientes. Tengo sobrepeso. Cuido de alguien con enfermedad crónica o a un anciano. Se me dificulta obtener servicios de salud para mí y para otros. No puedo manejar un auto. Ocupo bastante tiempo en asuntos de salud u obtener servicios de salud, lo cual afecta mi habilidad para trabajar horas regulares. Utilizo clínicas gratuitas.	*Urgente/Crisis*
Tiene algunos problemas de salud física y movilidad que podrían limitar su efectividad en el trabajo.	Me estoy tratando por una adicción y/o enfermedad mental. Recibo cuidado médico por enfermedades relacionadas con el estrés. Estoy desarrollando una manera de vivir con una o varias enfermedades crónicas. Recibo tratamiento dental. Ayudo a cuidar de alguien anciano o con enfermedad crónica. Tengo cobertura de salud para mis hijos. No cuento con cobertura de salud para mí. Puedo manejar. Puedo hacer trabajo físico ligero. Los problemas de salud a veces interfieren con mi horario de trabajo.	*Vulnerable/Alto Riesgo*
Tiene la salud física y la movilidad necesaria para el trabajo.	Llevo a cabo medidas de salud preventivas. Llevo a cabo medidas de salud dental preventivas. Generalmente como alimentos saludables y comidas balanceadas. Hago ejercicio o participo en deportes de manera regular. Puedo hacer trabajo físico pesado. Puedo hacer trabajo de oficina. Hago arreglos para el buen cuidado de mis hijos y/o otros adultos en mi hogar. Soy atractivo físicamente. Tengo habilidades atléticas fuera de lo común. Mi empleador paga por mi cobertura de salud. Los problemas de salud rara vez interfieren con mi trabajo.	*Estable*
Mantiene de manera consistente la salud física y la movilidad necesaria para sí mismo y para otros en el trabajo.	No tengo problemas de salud física. A excepción de una gripe ocasional, me encuentro en buena salud. No tengo problemas de adicción o salud mental. Utilizo estrategias de prevención y detección temprana. Hago ejercicio al menos tres veces por semana. Soy excepcionalmente atractivo. Los asuntos de salud rara vez interfieren con mi trabajo. Apoyo los programas de estilo de vida saludable en mi trabajo.	*Seguro*

(Continúa en la siguiente página)

Recurso: Físico *(continuación)*		✔	
Descripción	**Descripción detallada del recurso**		
Desarrolla de manera activa recursos físicos para sí mismo, su trabajo y la comunidad.	Tengo acceso a los servicios de salud privada de mi elección. Tengo habilidad atlética destacada. Hago ejercicio todos los días. Apoyo el desarrollo de espacios comunitarios y sistemas de salud de alta calidad y al alcance de todos los miembros de la comunidad.		*Abundancia/Compartir*

Resumen: Circular el número que concuerda con su nivel de recursos, según sus respuestas: (1) = Urgente/Crisis, (2) = Vulnerable/Alto riesgo, (3) = Estable, (4) = Seguro, (5) = Abundancia/Compartir

1	2	3	4	5

Recurso: Espiritual			
Descripción	**Descripción detallada del recurso**	✔	
No tiene conexiones culturales o un sentido de propósito espiritual que ofrezca apoyo y guía.	Creo en el destino, mis decisiones no hacen una diferencia. Espero que cambie mi suerte. Voy a la iglesia y otras instituciones cuando necesito ropa, alimentos, vivienda o asistencia de emergencia. No tengo un sentido de pertenencia a algún grupo étnico o cultural en particular. Estoy aislado de otros. Formo parte de un grupo de odio.		*Urgente/Crisis*
Tiene ciertas conexiones culturales o un sentido de propósito espiritual que ofrezca apoyo y guía.	Creo que mis decisiones pueden hacer la diferencia, pero esto influye poco al tratar de hacer cambios. Voy a la iglesia o a otras instituciones religiosas por ayuda en situaciones de emergencia y necesidades espirituales. Me identifico con un grupo cultural, pero no tomo mucha parte en sus actividades.		*Vulnerable/Alto Riesgo*
Tiene suficientes conexiones culturales o sentido de propósito espiritual que ofrezca apoyo y ayuda.	Creo en un poder soberano más grande que yo. Leo libros espirituales como guía. Voy a los servicios de una iglesia, templo, sinagoga o mezquita. Tengo algunas relaciones sociales con la gente de mi grupo religioso. Acudo a los eventos de mi grupo racial, étnico o cultural. Tengo algunas relaciones sociales con gente de mi grupo cultural, étnico o racial.		*Estable*
Tiene bastantes conexiones culturales o sentido de propósito espiritual que ofrezca apoyo y guía.	Me involucro en una práctica diaria espiritual basada en una fe religiosa en particular. Participo de manera regular en los servicios de la iglesia, templo, sinagoga o mezquita. Tengo muchas relaciones sociales con la gente de mi grupo religioso. Participo de manera regular en los eventos de mi grupo cultural, étnico o racial. Tengo una amplia variedad de relaciones sociales con la gente de mi grupo cultural, étnico o racial. Me involucro en actividad espiritual regular aparte de una religión organizada.		*Seguro*
Busca de manera activa conexiones culturales y/o crecimiento espiritual.	Mi práctica espiritual es una parte muy importante de mi vida. Soy tolerante de las personas de otras creencias y religiones. Dedico una cantidad considerable de tiempo y energía a ayudar a otros. Trabajo de manera activa para desarrollar entendimiento y compasión entre los grupos de la comunidad.		*Abundancia/Compartir*

Resumen: Circular el número que concuerda con su nivel de recursos, según sus respuestas: (1) = Urgente/Crisis, (2) = Vulnerable/Alto riesgo, (3) = Estable, (4) = Seguro, (5) = Abundancia/Compartir

1	2	3	4	5

Recurso: Integridad/Confianza		
Descripción	**Descripción detallada del recurso**	✔
No se puede confiar en que guarde su palabra, realice tareas y obedezca leyes, aún bajo supervisión.	A menudo miento y engaño a los demás. Robo a las personas y en mi trabajo. Hago trampa en mis impuestos. No le entrego a mis empleadores el reporte completo. Altero las cuentas. Hago trampa en mi voto en las elecciónes. Obedezco la ley únicamente cuando se me impone. Casi siempre resuelvo mis necesidades e intereses primero. A menudo no hago lo que dije que iba a hacer. No soy responsable de nadie. A menudo les echo la culpa a otros cuando las cosas van mal.	*Urgente/Crisis*
A veces se puede confiar en que guarde su palabra, que realice tareas y obedezca las leyes bajo supervisión.	A veces miento y engaño a los demás. Casi nunca robo en mi trabajo. Obedezco las leyes la mayoría del tiempo. Hago leve trampa en mis impuestos. Confío en poca gente. La mayoría del tiempo le entrego a mi empleador un día completo de trabajo. Soy responsable con aquellos que tienen poder.	*Vulnerable/Alto Riesgo*
Generalmente se puede confiar en que guarda su palabra, que realiza tareas y obedece las leyes, sin necesidad de supervisión,	Digo la verdad. Intento hacer lo que es justo y bueno para todos los involucrados. Prácticamente siempre obedezco la ley. Confío en muchas personas. Casi siempre le entrego a mi empleador un día completo de trabajo. Acepto mi propia responsabilidad y no les echo la culpa a los demás. Generalmente hago lo que digo que voy a hacer.	*Estable*
Invariablemente se puede confiar en que guarde su palabra, que realice tareas y obedezca las leyes, además de inspirar a que otros hagan lo mismo.	Tengo puestos de confianza en el trabajo. Me enfrento a problemas difíciles y acepto la responsabilidad. Vivo bajo lineamientos éticos altos. Enseño a la gente con quien trabajo los mismos lineamientos éticos que yo sigo.	*Seguro*
Busca de manera activa construir integridad y confianza, pone altos lineamientos éticos en el trabajo y en la comunidad.	Soy responsable de mí mismo. Me hago responsable ante los demás. Coloco lineamientos éticos altos en el trabajo y en la vida comunitaria. Soy un ejemplo.	*Abundancia/Compartir*

Resumen: Circular el número que concuerda con su nivel de recursos, según sus respuestas: (1) = Urgente/Crisis, (2) = Vulnerable/Alto riesgo, (3) = Estable, (4) = Seguro, (5) = Abundancia/Compartir

1	2	3	4	5

Recurso: Motivación/Persistencia		
Descripción	**Descripción detallada del recurso**	✔
No tiene energía o fuerza para preparar, planear y completar proyectos, trabajos y transformación personal.	Evito el trabajo toda vez que es posible. La mayoría del tiempo tengo poca energía. Veo demasiada televisión. Preferiría que no me promovieran en el trabajo. No me gusta el trajín de aprender cosas nuevas. A veces me esfuerzo en el trabajo pero generalmente me distraigo. Me doy por vencido con facilidad. Evito el entrenamiento y los ascensos. Generalmente espero a que las cosas estén muy graves antes de hacer cambios.	*Urgente/Crisis*
Tiene cierta fuerza y energía para preparar, planear y completar proyectos, trabajos y transformación personal.	A veces tengo poca energía. Tengo cuidado cuando hay que emprender nuevas labores en el trabajo. No disfruto los eventos de entrenamiento de personal. Trabajo lo suficientemente duro para que no molesten los supervisores. Trabajo duro si me cae bien la gente para quien trabajo. Trabajo en hacer cambios en mi vida si veo que las cosas mejoran inmediatamente.	*Vulnerable/Alto Riesgo*
Tiene suficiente fuerza y energía para preparar, planear y completar proyectos, trabajos y transformación personal.	Trabajo duro la mayoría del tiempo. Me trazo metas a corto plazo. Generalmente me apego a las metas que me trazo hasta terminarlas. Tengo un nivel de energía constante. Busco los ascensos para tener el poder de reconocimiento. Acudo y valoro las oportunidades de entrenamiento.	*Estable*
Tiene bastante fuerza y energía para preparar, planear y completar trabajos, proyectos y transformación personal.	Generalmente tengo mucha energía. Intento hacer lo correcto para el negocio o la organización. Busco entrenamiento por mi cuenta. Veo venir las oportunidades y me preparo para ellas. Busco los ascensos porque reflejan excelencia. Trabajo con otros para colocar metas y disfruto lograr resultados positivos. Tengo estrategias de planeamiento que generalmente funcionan bien para mí. Soy auto-motivado.	*Seguro*
Busca de manera activa la forma de mantener la motivación y persistencia, ayuda a otros a encontrar la suya.	Puedo ver el panorama general y hacer planes para la organización. Veo oportunidades para la organización y para otros, los preparo para esas oportunidades. Ayudo a otros a que encuentren su propia motivación, y les apoyo para que cumplan sus metas. Promuevo la motivación y la persistencia creando estructuras de calidad y mejorías a nivel de organización y comunidad.	*Abundancia/Compartir*

Resumen: *Circular el número que concuerda con su nivel de recursos, según sus respuestas:* (1) = Urgente/Crisis, (2) = Vulnerable/Alto riesgo, (3) = Estable, (4) = Seguro, (5) = Abundancia/Compartir

1	2	3	4	5

Recurso: Relaciones/Ejemplos		
Descripción	**Descripción detallada del recurso**	✔
No tiene acceso a personas seguras, que sean de apoyo y cuidado.	Muchas de las personas que conozco personalmente son personas fracasadas. Muchas de las personas que conozco dicen cosas negativas sobre ellos mismos y otros. Muchas personas que conozco piensan que la vida les sucede, que en realidad no tiene mucho control sobre las cosas. Muchas personas que conozco han escuchado muchas veces que "no sirven para nada." Muchas personas que conozco permiten que el miedo y los obstáculos los detengan en el intento de sobresalir. Mucha gente que conozco no le gusta aprender cosas nuevas. Muchas personas cercanas a mí despreciarán cualquier intento que yo haga de mejorar mi vida.	
Tiene acceso limitado a personas seguras, que sean de apoyo y cuidado.	Algunas personas que conozco son fracasadas y negativas. Algunas personas que conozco dicen cosas negativas sobre sí mismos y otros. Algunas personas que conozco creen que la vida los maneja a ellos. Alguna gente que conozco ha escuchado que "no sirven para nada" muchas veces. Alguna gente que conozco permite que el miedo y los obstáculos los detengan. Alguna gente que conozco no le gusta aprender. Alguna gente cercana a mí despreciaría cualquier intento que yo haga por mejorar mi vida.	
Tiene suficiente acceso a personas seguras, que sean de apoyo y cuidado.	Alguna gente que conozco a menudo piensa, "Puedo crear mi vida con mis decisiones." Algunas personas que conozco están ansiosas por cambiar y sobresalir. Alguna gente que conozco le gusta aprender. Hay algunas personas en mi vida que me brindan su apoyo incondicional. Algunas personas en mi vida apoyarían los cambios que yo quiera hacer para mejorar mi vida. Tengo varias relaciones de respeto mutuo con la gente de mi trabajo. Tengo a una persona como ejemplo para una o varias áreas de mi vida.	
Tiene bastante acceso a personas seguras que son de apoyo y cuidado.	La mayoría de la gente que conozco piensa, "Puedo crear mi vida con decisiones." La gran parte de la gente que conozco esta ávida por cambiar y sobresalir. La mayoría de la gente que conozco disfruta aprender. La mayoría de las personas en mi vida me dan su apoyo incondicional. La mayoría de las personas en mi vida apoyan los cambios que yo quiera hacer para mejorar mi vida. Tengo muchas relaciones de respeto mutuo con la gente en mi trabajo. Tengo a alguien que me sirve de ejemplo, mentor, que me patrocina. Soy un mentor o patrocinador para alguien en el trabajo.	

Urgente/Crisis / *Vulnerable/Alto Riesgo* / *Estable* / *Seguro*

(Continúa en la siguiente página)

Recurso: Relaciones/Ejemplos *(continuación)*		
Descripción	**Descripción detallada del recurso**	✔
Busca de manera activa a otros que son seguros, personas de apoyo y cuidado; además de ser seguro, de apoyo y de cuidado para otros.	La mayoría de las personas que conozco se enfocan sobre las oportunidades. La mayoría de las personas que conozco son positivas y exitosas. La mayoría de la gente que conozco está aprendiendo y creciendo de manera continua. La mayoría de las personas en mi vida son positivas, de apoyo y cuidado. Tengo mentores o patrocinadores con quienes me reúno regularmente. Soy un mentor o patrocinador para alguien más en la comunidad. Ayudo a construir relaciones en la comunidad que sean de apoyo para las personas de todas las clases económicas y entornos.	*Abundancia/Compartir*

Resumen: Circular el número que concuerda con su nivel de recursos, según sus respuestas: (1) = Urgente/Crisis, (2) = Vulnerable/Alto riesgo, (3) = Estable, (4) = Seguro, (5) = Abundancia/Compartir

1	2	3	4	5

Recurso: Conocimiento de las Reglas Ocultas		
Descripción	**Descripción detallada del recurso**	✔
No conoce las reglas ocultas de otras clases económicas.	Conozco únicamente las reglas ocultas de la clase en que me crié. Como alguien que vive en la pobreza, desconozco el ambiente o las reglas ocultas de la escuela y el trabajo, o sea, de la clase media. Como alguien que vive en la pobreza, desconozco el ambiente o las reglas ocultas de las personas en posiciones de poder o influencia, o sea, de la riqueza. Como alguien que vive en la clase media, desconozco el ambiente y las reglas ocultas de la gente en la pobreza. Como alguien que vive en la clase media, desconozco el ambiente y las reglas ocultas de la gente que vive en riqueza. Como alguien que vive en la riqueza, desconozco el ambiente y las reglas ocultas de la gente que vive en la pobreza. Como alguien que vive en la riqueza, desconozco el ambiente y las reglas de la clase media.	*Urgente/Crisis*
Tiene cierta conciencia de las reglas oculta de otras clases económicas pero no puede utilizarlas.	Como persona en la pobreza, conozco algunas reglas de la clase media, pero no se como utilizarlas. Como persona en la pobreza, conozco algunas reglas de la riqueza, pero no se como utilizarlas. Como persona de clase media, conozco algunas reglas de la pobreza, pero no se como usarlas. Como persona de clase media, conozco algunas reglas de la riqueza, pero no se como usarlas. Como alguien que vive en la riqueza, conozco algunas reglas de la pobreza, pero no se como usarlas. Como alguien que vive en la riqueza, conozco algunas reglas de la clase media, pero no se como usarlas.	*Vulnerable/Alto Riesgo*
Conoce las reglas de otras clases económicas y las utiliza de manera personal.	Como persona en la pobreza, conozco algunas reglas de la clase media y las uso para tener más destreza en mi trabajo y en otros entornos de clase media. Como persona en la pobreza, conozco algunas reglas de la riqueza pero no tengo la oportunidad para usarlas. Como persona de clase media, conozco algunas reglas de la pobreza y utilizo algunas para tener más destreza en mis relaciones con los demás. Como persona de clase media, conozco algunas reglas de la riqueza, pero no se como utilizarlas. Como alguien que vive en la riqueza, conozco algunas reglas de la pobreza y puedo utilizarlas para mejorar las políticas y programación para las personas que viven en pobreza. Como alguien que vive en la riqueza, conozco algunas reglas de la clase media y las puedo usar para mejorar la política y programación para la gente.	*Estable*

(Continúa en la siguiente página)

Recurso: Conocimiento de las Reglas Ocultas *(continuación)*		
Descripción	**Descripción detallada del recurso**	✔
Conoce las reglas de las tres clases económicas y puede utilizar la mayoría en ciertos entornos.	Como persona en la pobreza, conozco la mayoría de las reglas de la clase media y las ocupo para tener más destreza en el trabajo y otros entornos de la clase media. Tengo cierta influencia sobre la política y programación para el bienestar comunitario. Como persona en la pobreza, conozco la mayoría de las reglas de la riqueza y se como tener cierta influencia sobre las políticas y programación para el bienestar comunitario. Como persona de clase media, conozco la mayoría de las reglas de la pobreza y las uso para tener más destreza en mis relaciones y en el diseño de políticas y programación para el bienestar comunitario. Como persona de clase media, conozco la mayoría de las reglas de la riqueza y tengo cierta influencia sobre las políticas y programación para el bienestar comunitario. Como persona que vive en la riqueza, conozco la mayoría de las reglas de la pobreza y las puedo utilizar para mejorar mis relaciones interpersonales y desarrollar políticas y programación para el bienestar comunitario. Como persona que vive en la riqueza, conozco las reglas de la clase media y las puedo utilizar para mejorar mis relaciones personales, así como la política y programación para el bienestar comunitario.	*Seguro*
Busca de manera activa el entendimiento de las reglas de las tres clases económicas, y utilizarlas de manera efectiva en una variedad de entornos.	Como persona en la pobreza, tengo relaciones de respeto mutuo con personas de clase media y trabajo con ellos en asuntos de sistema sostenible comunitaria. Como persona en la pobreza, tengo relaciones de respeto mutuo con personas de la riqueza y me siento en la mesa de decisiones con ellos para trabajar asuntos de sistema sostenible comunitario. Como persona de clase media, tengo relaciones de respeto mutuo con personas en pobreza y trabajo con ellos en temas de sostenible comunitaria. Como persona de clase media, tengo relaciones de respeto mutuo con persona en la riqueza y me siento en la mesa de decisiones con ellos para trabajar asuntos de sistema sostenible comunitario. Como persona que vive en la riqueza, tengo relaciones de respeto mutuo con personas en pobreza y me siento con ellos en la mesa de decisiones para trabajar asuntos de sistema sostenible comunitario. Como persona que vive en la riqueza, tengo relaciones de respeto mutuo con personas de clase media y me siento a la mesa de decisiones con ellos para trabajar asuntos de sistema sostenible comunitario.	*Abundancia/Compartir*

Resumen: Circular el número que concuerda con su nivel de recursos, según sus respuestas: (1) = Urgente/Crisis, (2) = Vulnerable/Alto riesgo, (3) = Estable, (4) = Seguro, (5) = Abundancia/Compartir

1	2	3	4	5

MODELO MENTAL DE RECURSOS

En la tabla siguiente, colorear la cantidad que tiene de cada recurso que concuerda con el ejercicio que realizó anteriormente en este módulo. Este es un modelo mental más para agregar a su guía.

	FINANCIERO	EMOCIONAL	MENTAL	ESPIRITUAL	FISICO	SOCIAL	REILACIONES	REGLAS OCULTAS	LENGUAJE	INTEGRIDAD	MOTIVACIÓN
5											
4											
3											
2											
1											

DISCUSION

1. Al ver el modelo mental, ¿Cuáles son sus recursos más altos y fuertes?

2. ¿Cómo podría utilizar los recursos fuertes para construir otros?

3. ¿De dónde vino cada recurso? ¿Vino de familiares y amigos? ¿Ayudó la comunidad a su familia para construir sus recursos? ¿Contribuyó su comunidad en brindarle una oportunidad justa de un buen trabajo, buenos servicios de salud, buena educación, opciones de crédito? ¿Construyó los recursos usted mismo? ¿Fue algo dentro de usted, alguna decisión que tomó, una manera de pensar, un talento, o un don?

4. ¿Qué aprendió de su situación y de su vida en este ejercicio?

5. ¿Cuáles recursos son los más bajos?

6. ¿Esta actividad fue fácil o difícil? En caso de ser difícil, ¿por qué?

7. Relacionando todo lo que hemos aprendido antes, ¿cómo encaja esta pieza en todo?

8. ¿Qué tan importante es que haga una auto-evaluación acertada?

9. ¿Cuál es la diferencia entre hacer su propia valoración de su vida y recursos, a que le hagan una evaluación por parte de una agencia?

10. ¿Dónde se encuentra ahora con respecto a las etapas del cambio?

En el espacio siguiente, escribir o dibujar sus pensamientos e ideas sobre sus recursos.

Palabras   Significados

_____   _____

_____   _____

_____   _____

_____   _____

_____   _____

_____   _____

_____   _____

_____   _____

MODULO 9

Desarrollar Recursos

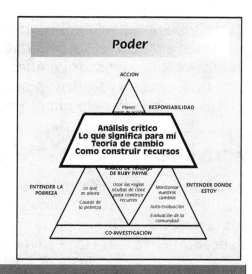

Poder

	ACCION	
	Planes pasos de acción	RESPONSABILIDAD

**Análisis crítico
Lo que significa para mí
Teoría de cambio
Como construir recursos**

MARCO DE TRABAJO DE RUBY PAYNE

ENTENDER LA POBREZA	Lo qué es ahora	Usar las reglas ocultas de clase para construir recursos	Monitorear nuestros cambios	ENTENDER DONDE ESTOY
	Causas de la pobreza		Auto-evaluación	
			Evaluación de la comunidad	

CO-INVESTIGACION

Objetivos del Aprendizaje

QUE CUBRE	POR QUE ES IMPORTANTE	COMO SE RELACIONA CON USTED
Usted podrá:	Es importante porque podemos mejorar nuestras vidas al desarrollar recursos. El análisis que hagamos en este módulo nos ayudará a hacer buenos planes.	Seguimos agregando a lo que teníamos antes. Aprendimos sobre los recursos e hicimos una auto-evaluación. Ahora vamos a pensar en los detalles de como construir recursos. Vamos a profundizar aún más, descubrir qué reglas ocultas usaremos para construir cada recurso. Cuando juntemos todos estos pasos, seremos capaces de hacer nuestros propios planes para una estabilidad económica.
Encontrar maneras de desarrollar cada recurso.		
Hacer una lista de las reglas ocultas necesarias para desarrollar cada recurso.		

Construir recursos no es tan fácil. Si fuera sencillo, habría muy poca pobreza en los Estados Unidos. Ha llegado el momento de pensar y encontrar la mejor manera de ayudarnos a construir recursos. Mientras hace esto, mantenga tres cosas en mente:

1. Construir todos nuestros recursos nos dará una vida balanceada. ¿Alguna vez ha sabido de alguien con grandes recursos financieros pero muy bajos recursos emocionales y sociales? O ¿Conoce a alguien que es demasiado inteligente pero simplemente no se puede llevar bien con los demás? Esa persona tiene muchos recursos mentales y bajos emocionales, sus recursos no están equilibrados.

2. Poner atención a la tendencia que tenemos todos de elevar los recursos que ya están altos. Por ejemplo, hay una mujer hermosa y saludable. Ella ya tiene altos recursos físicos, así que probablemente no se tiene que enfocar en desarrollar ese recurso. Sin embargo no nos sorprendería que se mantuviera enfocada en mejorar su belleza y salud. Esta tendencia es comprensible. No es tan difícil trabajar sobre los recursos que ya están fuertes, sabemos que es allí donde tenemos más certeza de éxito. Así que, durante esta actividad intentar mover su atención a los puntos que lo fortalecerán más.

---

3. Ya sabemos que la pobreza no se trata solo de las decisiones de los pobres. También hay situaciones con el sistema que contribuyen a la pobreza. Sin embargo, en el momento nos vamos a enfocar en nuestra respuesta personal ante la pobreza. Tenemos que ser tan duros con nosotros mismos como lo somos con el sistema. Regresaremos a los asuntos del sistema pero ahora enfoquémonos en como construir recursos.

ACTIVIDAD

Actividad: Desarrollar Recursos
Tiempo: 30 -40 minutos
Materiales: Papel para graficar, marcadores
Procedimiento: 1) Elegir una de las dos estrategias a continuación para realizar su lluvia de ideas.
                   2) Asegurarse que el grupo cubra cada uno de los once recursos.

Opción 1: Técnica de tres-en-raya

1. Dibujar líneas en una hoja completa para hacer nueve cuadrados, tres cuadrados en fila, por tres filas. En otras palabras hacer un diseño de tres-en-raya.

2. En cada cuadro dibujar tres filas de círculos, tres círculos en fila. Cada cuadro tendría nueve círculos adentro.

3. En el círculo del centro del recuadro del centro, escribir su meta principal. Podría ser "prosperidad," "recursos fuertes," "salir de la pobreza," "estabilidad económica," o lo que usted decida.

4. Colocar los recursos que su grupo quiera desarrollar y escribirlos en los ocho círculos que quedan en el recuadro del centro.

5. Ahora tomar cada una de las ocho ideas y escribirlas nuevamente, solo que ahora en el círculo del centro del cuadro que corresponde al diseño en el cuadro del centro.

6. Tratar de pensar en ocho ideas nuevas que tengan que ver con el tema central en los ocho cuadros nuevos.

7. Continuar el proceso hasta que haya completado la mayor cantidad del diagrama que pueda.

8. Hacer una lista de las reglas ocultas que tendría que utilizar para construir cada recurso.

9. Evaluar sus ideas.

Bloque 1 (fila 1, columna 1):

- Buen modelo mental del dinero
- Ahorrar 10%
- Pagarles a los prestamistas
- **Financiero**
- Cambiar de trabajo
- Gastar menos

Bloque 2 (fila 1, columna 2):

- Ir al médico
- Guardar las citas
- Cirugía de rodilla
- Pertenecer a grupos de dieta
- **Físico**

Bloque 3 (fila 1, columna 3):

- Espiritual

Bloque 4 (fila 2, columna 1):

- **Capital Social**

Bloque 5 (fila 2, columna 2):

- Financiero
- Físico
- Espiritual
- Capital social
- **Vida equilibrada**

Opción 2: Lluvia de Ideas

1. Trabajando en grupos sobre la mesa, con cada grupo tomando uno o dos recursos, realizar una lluvia de ideas sobre cómo construir recursos. Al realizar esta actividad, recordar que no debe detenerse a criticar las ideas, debe dejarlas fluir para que las ideas diferentes enciendan un pensamiento nuevo. Utilizando papel para graficar, dibujar una línea en la mitad de la hoja, de arriba abajo. Marcar el lado izquierdo, "Construir _____ Recursos" Hacer una lista de sus ideas bajo ese encabezado. Utilizar una hoja para cada recurso.

Construir _____ Recursos	Reglas Ocultas

2. Nombrar la columna de la derecha "Reglas Ocultas." Ahora, debajo del encabezado hacer una lista de las reglas ocultas necesarias para construir ese recurso. Indicar de qué clase las reglas ocultas, de se necesitarían-de la pobreza, clase media o riqueza. Es posible que se necesita de una, dos o de las tres. Por ejemplo, si usted está trabajando para construir apoyo social y decide trabajar de voluntariado en una agencia de servicios, esto le aumentará su capital de enlace. ¿Qué reglas ocultas tendría que usar? Las cosas serán más fáciles si utiliza el registro formal con las personas que conozca, así que esa es una opción. Usted podría pensar que está bien también usar el registro casual, en ese caso estaría utilizando reglas de dos clases. También podría ser de ayuda utilizar reglas de la clase media para obtener fuerza (trabajo y desempeño) ya que, aunque es un voluntariado, se trata de alcanzar las metas de la organización. Usted necesita estar preparado para hablar de eso. La regla oculta de la clase media sobre el tiempo es otra que quizá usted querrá ocupar. No hay nada que haga más feliz a la gente de clase media, que tener a alguien en quien confiar que va a llegar a tiempo, todo el tiempo.

3. Compartir ideas entre todas las mesas y expandir la lluvia de ideas dejando que todo el grupo haga sugerencias.

4. Que un voluntario transcriba la lista de todos los recursos para que todos tengan una copia a la hora de hacer planes individuales.

DISCUSION

1. ¿Qué aprendió de esta investigación?

2. ¿Qué tan importante es que usted cambie algunos de sus recursos?

3. ¿Cuáles recursos fueron los más difíciles de construir? ¿Por qué?

4. ¿Obtuvo suficientes ideas de los recursos que quiere construir para comenzar?

5. ¿Cuáles recursos fueron los más fáciles de construir? ¿Por qué?

6. ¿Qué aprendió al hacer la lista de las reglas ocultas necesarias para construir recursos?

7. ¿Qué regla oculta de la pobreza se repitió con más frecuencia?

8. ¿Qué regla oculta de la clase media se repitió con más frecuencia?

9. ¿Qué regla oculta de la riqueza se repitió con más frecuencia?

10.¿Qué tal funcionó el grupo como solucionados de problemas?

11.¿Dónde se encuentra usted ahora con respecto a las etapas del cambio?

En el espacio siguiente escribir o dibujar sus pensamientos e ideas
sobre la construcción de sus propios recursos.

ᴚƎ⅃⅂ƎX⊥OИƎƧ REFLEXIONES ᴚƎ⅃⅂ƎX⊥OИƎƧ REFLEXIONES ᴚƎ⅃⅂ƎX⊥OИƎƧ

NUEVO NUEVO NUEVO NUEVO NUEVO **VOCABULARIO** NUEVO NUEVO NUEVO NUEVO NUEVO

Palabras   Significados

_____   _____

_____   _____

_____   _____

_____   _____

_____   _____

_____   _____

_____   _____

_____   _____

MODULO 10

Evaluación de la Comunidad

ENTENDER DONDE ESTOY

ACCION

Planes
Pasos de acción
Historias futuras

RESPONSABILIDAD

Análisis crítico
Lo que significa para mí
Teoría de cambio
Como construir recursos

PODER

MARCO DE TRABAJO
DE RUBY PAYNE

Monitorear nuestros cambios

ENTENDER LA
POBREZA

Lo que
es ahora

Usar las re...
ocultas de...
para co...
recu...

Auto-evaluación

Causas de
la pobreza

Evaluación de la comunidad

CO-INVESTIGACION

Objetivos del Aprendizaje

QUE CUBRE

Usted podrá:

Realizar una evaluación completa de los recursos comunitarios.

Crear un modelo mental para resumir los recursos comunitarios.

POR QUE ES IMPORTANTE

Es importante hacer una evaluación de la comunidad porque la pobreza no se trata solamente de las decisiones de los pobres.

Es importante que la comunidad se haga responsable de las oportunidades y la protección de todos sus miembros y que cree prosperidad.

También es importante que los miembros de este grupo participen en resolver los problemas en la comunidad, no solos los propios.

COMO SE RELACIONA CON USTED

Esto regresa al proceso continuo de investigación del MODULO 4. Nuestras comunidades deben tener estrategias de las cuatro áreas de investigación para luchar contra la pobreza. Cuando hagamos nuestros planes finales sobre la pobreza tendremos que incluir lo que creemos que debe hacerse en la comunidad.

ACTIVIDAD

Actividad: Evaluación de la comunidad
Tiempo: 30 – 45 minutos
Materiales: Papel para graficar, marcadores
Procedimiento: 1) Llenar las siguientes tablas como grupo.
2) Hacer preguntas, investigar, encontrar cuales recursos están disponibles.
3) Si lo encuentran necesario, traer a alguien que conoce del tema para que comparta con el grupo.
4) Recordar que aquí está buscando fortalezas, así como se buscaron fortalezas durante la auto-evaluación de sus recursos.

Las preguntas están diseñadas para ayudarle a comenzar; puede que el grupo quiera agregar preguntas o información para que el estudio sea más completo. Las columnas de Si/No se utilizan para registrar su percepción. La "?" se marca si se requiere más información.

Recurso Comunitario: Vivienda y Banca			
Preguntas de Evaluación	SÍ	No	?
¿Tiene su comunidad programas para que la gente pueda comprar vivienda de manera rápida como una manera de salir de la pobreza?			
¿Las propiedades de alquiler son asequibles?			
¿La falta de vivienda asequible obliga a que las personas vivir en condiciones de hacinamiento?			
¿Está en aumento el número de personas sin hogar?			
¿Está presente en su comunidad la propiedad de vivienda del "tercer sector", o sea, acuerdos de tierras comunitarias, cooperativas de bienes raíces y vivienda mutua?			
¿Provee su comunidad préstamos a bajo interés para oportunidades microeconómicas?			
¿Cuentan los bancos con Reglas de Reinversión Económica y/o planes estratégicos de alta calidad? ¿Participaron los grupos comunitarios para desarrollar estos planes?			

¿Tiene su comunidad estrategias de vivienda y banca suficientes y efectivas?

PUNTAJE: Circular abajo el puntaje que le otorga a su comunidad para vivienda. 1 = *inadecuado*, 5 = *si, los programas y oportunidades para vivienda comunitaria son suficientes y asequibles.*

1	2	3	4	5

Recurso Comunitario: Salarios			
Preguntas de Evaluación	Sí	No	?
¿Cuenta su comunidad con una ley de salario para vivir?			
¿Atrae y ofrece su comunidad condonación de impuestos a los negocios que solo ofrecen salarios bajos?			
¿Cuenta su comunidad con una relación razonable entre los salarios de jefes corporativos y trabajadores de línea en el sector privado? ¿Qué tal en el sector público?			
¿Tiene su comunidad un gran número de empleadores que utilizan mano de obra temporal y de medio tiempo para evadir el costo de los beneficios de salud?			

¿Está comprometida su comunidad en proveer buenos salarios para sus integrantes?

PUNTAJE: Circular abajo el puntaje que le otorga a su comunidad por sus salarios.
1 = *Inadecuado*, 5 = *si, los salarios son buenos.*

1	2	3	4	5

Recurso Comunitario: Protección Contra Depredadores			
Preguntas de Evaluación	Sí	No	?
¿Permite su comunidad la existencia de prestamistas en día de pago?			
¿En caso de ser cierto, se han hecho esfuerzos para detener las prácticas injustas?			
¿Cuenta su comunidad con servicios de préstamos suficientes y eficientes para las familias de bajos ingresos, que podrían sustituir los ya establecidos de préstamo y compra?			
¿Cuenta su comunidad con servicios de préstamos suficientes y eficientes para las familias de bajos ingresos, que podrían sustituir los ya establecidos de préstamo y compra?			
¿Cuenta su comunidad con una estrategia efectiva para afrontar la venta ilegal de drogas?			
¿Cuenta su comunidad con servicios de préstamo que puedan sustituir a los vendedores de carros usados que se aprovechan de los pobres?			
¿Tiene su comunidad una estrategia efectiva para enfrentar el problema de arrendadores que sacan provecho de los pobres?			

¿Están protegidas de los depredadores las personas de bajos recursos de su comunidad?

PUNTAJE: Circular abajo el puntaje que le otorga a su comunidad con respecto a los depredadores. 1 = *inadecuado*, 5 = *si, la comunidad está protegida contra los predadores y los servicios bancarios para personas de bajos ingresos son buenos.*

1	2	3	4	5

Recurso Comunitario: Oportunidades de Empleo			
Preguntas de Evaluación	Sí	No	?
¿Hay trabajos de producción?			
¿Existen empleos sindicalizados?			
¿En caso de existir, es el pago inicial equivalente a un salario para vivir, o ha sido forzado el sindicato a bajar sus criterios?			
¿Hay algún tipo de entrenamiento disponible para los trabajadores en el sector de servicios que quieran ascender al sector de conocimiento?			
¿Hay algún tipo de entrenamiento disponible para los trabajadores en el sector de producción que quieran ascender al sector de conocimiento?			
¿Se está haciendo algo en la comunidad por la "división por computadoras", en el caso de acceso a computadoras y habilidades de computación para las áreas de bajos ingresos en la comunidad y las familias de bajos ingresos?			
¿Hay un éxodo del área en cantidades inusualmente altas de los trabajos bien pagados?			
¿Hay facilidades para que los empleados se conviertan en propietarios? ¿Existen planes de propiedad de almacén para los empleados, planes de división de las ganancias u opciones amplias para el abastecimiento?			
¿Hay servicios de guardería de alta calidad y disponibilidad durante las horas de trabajo?			
¿Ofrecen los empleadores beneficios de salud a los empleados de manera consistente?			

¿Tiene su comunidad suficientes trabajos que pagan bien?

PUNTAJE: Circular abajo el puntaje que le otorga a su comunidad por empleo.
1= *inadecuado*, 5 = *están a disposición una gran cantidad de trabajos bien pagados.*

1	2	3	4	5

Recurso Comunitario: Educación			
Preguntas de Evaluación	Sí	No	?
¿Los gastos escolares para niños pobres son los mismos que para niños de clase media o rica?			
¿Saben los educadores cómo enseñar a los niños pobres para que aprendan rápidamente?			
¿Está mejorando la taza de graduados?			
¿Está bajando la taza de deserción escolar?			
¿Están los estudiantes preparados para la fuerza de trabajo versátil que se necesita hoy en día?			
¿Enseñan los educadores a sus estudiantes las reglas del dinero y el manejo de inversiones?			
¿Existen oportunidades de preescolar de alta calidad?			
¿Hay servicios de educación temprana disponibles?			

¿Su comunidad cuenta con un sistema educativo capaz de ayudar a los niños pobres a competir exitosamente en el trabajo?

PUNTAJE: Circular abajo el puntaje que le otorga a su comunidad por liderazgo. 1 = *inadecuado*, 5 = *los educadores están al tanto del problema y tienen programas exitosos para afrontarlo.*

1	2	3	4	5

Recurso Comunitario: Transporte			
Preguntas de Evaluación	Sí	No	?
¿Cuenta la comunidad con un sistema de transporte público capaz de transportar a los pobres de su casa al trabajo, a los establecimientos de salud y a las agencias?			
¿Es asequible el transporte público?			
¿El transporte público es seguro?			
¿Hay disponibilidad de transporte público a las horas en que la gente tiene que moverse a sus trabajos y a sus casas?			

¿Cuenta su comunidad con transporte suficiente y eficiente para mover a las personas desde su casa hacia su trabajo y viceversa?

PUNTAJE: Circular abajo el puntaje que le otorga a su comunidad para transporte.
1 = *inadecuado*, 5 = *es bueno el transporte público.*

1	2	3	4	5

Recurso Comunitario: Salud y Nutrición			
Preguntas de Evaluación	Sí	No	?
¿La gente pobre puede pagar los servicios de salud?			
¿Existen servicios de salud disponibles para las personas en pobreza?			
¿Son accesibles los servicios de salud gracias al transporte público?			
¿Existen alimentos de buena calidad en los mercados locales?			
¿Los barrios pobres son seguros en cuanto a su medio ambiente?			
¿Son seguras en general las áreas pobres?			
¿Están disponibles y son asequibles los servicios de salud mental y tratamiento de adicciones?			

¿Cuenta su comunidad con servicios de salud preventiva adecuados, con cuidados de salud y con alimentos buenos disponibles para la gente que vive en la pobreza?

PUNTAJE: Circular abajo el puntaje que le otorga a su comunidad por asuntos de salud. 1 = *inadecuado*, 5 = *la comunidad cuenta con un buen sistema de servicios de salud para la gente que vive en la pobreza.*

1	2	3	4	5

Recurso Comunitario: Liderazgo			
Preguntas de Evaluación	Sí	No	?
¿Tienen los líderes de planeación regional y de la ciudad estrategias para ayudar a los pobres a moverse hacia la prosperidad?			
¿Cuentan los líderes de desarrollo con estrategias para ayudar a los pobres a moverse hacia la prosperidad?			
¿Cuentan los líderes del gobierno con estrategias para ayudar a los pobres a moverse hacia la prosperidad?			
¿Cuentan los líderes del sector de servicio social con estrategias para ayudar a los pobres a moverse hacia la prosperidad?			
¿Cuentan los líderes empresariales con estrategias para ayudar a los pobres a moverse hacia la prosperidad?			
¿Cuentan los líderes espirituales con estrategias para ayudar a los pobres a moverse hacia la prosperidad?			
¿Cuentan los líderes en educación con estrategias para ayudar a los pobres a moverse hacia la prosperidad?			

¿Los líderes comunitarios están motivados y son capaces de mover a toda la comunidad hacia la prosperidad?

PUNTAJE: Circular abajo el puntaje que le otorga a su comunidad por su liderazgo.
1 = *inadecuado*, 5 = *los líderes comunitarios ya están haciendo lo necesario para eliminar la pobreza.*

1	2	3	4	5

Ahora que se ha realizado una evaluación de los recursos comunitarios organice todas sus ideas en un modelo mental que resume los recursos de la misma. En la tabla que se encuentra a continuación, colorear la cantidad de cada recurso con que valoró en las páginas anteriores.

RESUMEN DE EVALUACION COMUNITARIA - MODELO MENTAL

Vivienda y Banca	Salarios	Depredadores	Empleos	Educación	Transporte	Salud y Nutrición	Liderazgo
5	5	5	5	5	5	5	5
4	4	4	4	4	4	4	4
3	3	3	3	3	3	3	3
2	2	2	2	2	2	2	2
1	1	1	1	1	1	1	1

DISCUSION

1. ¿Cuáles son las fortalezas que tiene su comunidad?
2. ¿Cuáles son las debilidades que tiene su comunidad?
3. ¿Con qué problemas se enfrentan las comunidades cuando se trata de asuntos económicos?
4. ¿Qué oportunidades tiene su comunidad para el futuro próximo?
5. Haga una lista de los líderes locales que están comprometidos en un amplio rango de estrategias para eliminar la pobreza.
6. ¿Tiene el grupo que recopilar más información para obtener un entendimiento exacto de los recursos comunitarios?
7. ¿Qué agencias están más dispuestas a luchar por un sistema que ayude a las personas que se encuentran hacia abajo en la escala económica?

REFLEXIONES REFLEXIONES REFLEXIONES REFLEXIONES REFLEXIONES

En el espacio siguiente, escribir o dibujar sus pensamientos e ideas sobre su comunidad y el impacto que tiene sobre sus metas personales para salir de la pobreza.

REFLEXIONES REFLEXIONES REFLEXIONES REFLEXIONES REFLEXIONES

NUEVO NUEVO NUEVO NUEVO NUEVO **VOCABULARIO** NUEVO NUEVO NUEVO NUEVO NUEVO

Palabras

Significados

MODULO 11

Su Plan para Pasar de la Pobreza a la Prosperidad

RESPONSABILIDAD

Objetivos del Aprendizaje

QUE CUBRE

Usted hará:

Un repaso de los modelos mentales, anotaciones y etapas del cambio.

Una lista de sus recursos más fuertes y de los más débiles.

Ordenar los recursos en los que debe trabajar.

Construir planes para los primeros dos o tres recursos.

Comprobar sus planes con las metas SMART (Específicos, Mensurables, Alcanzables, Realistas y Específicos en cuanto a tiempo).

Crear pasos inmediatos de acción.

POR QUE ES IMPORTANTE

Es importante que usted haga sus propios planes, aquellos que encajen con toda su situación y que se basen en sus prioridades.

COMO SE RELACIONA CON USTED

Todo lo que hemos hecho ha sido orientado hacia este y el siguiente módulo. En primera, para que usted tenga un plan que le funciona. Luego, para que usted pueda tomar parte en la solución de problemas comunitarios.

ACTIVIDAD

Actividad: Crear su camino fuera de la pobreza
Tiempo: Dos horas
Materiales: Hojas de trabajo, modelos mentales
Procedimiento: 1) Trabajar minuciosamente a través de los siguientes 10 pasos.
2) Platicar sobre los temas con otros miembros del grupo y con el facilitador cuando lo considere conveniente.
3) Si se siente cómodo compartiendo su trabajo, enseñarlo a los demás para que ellos puedan utilizar sus ideas para construir sus planes.

Paso 1: Repasar todos los modelos mentales y anotaciones en su libro de trabajo. Estos son:

- Cómo Están las Cosas Ahora
- Apoyo para el Cambio
- Capital Social
- Auto-Evaluación de Recursos
- Hoja de Trabajo de Lluvia de Ideas y Otras Actividades
- Evaluación de la Comunidad

Paso 2: Enlistar sus tres recursos más fuertes y los tres más débiles

TRES RECURSOS MÁS FUERTES	TRES RECURSOS MÁS DÉBILES

Paso 3: Ordenar los tres recursos que quiere trabajar, comenzando por el más importante. Estos no tienen que ser sus recursos más débiles o los más bajos.

ORDENAR LOS TRES RECURSOS EN QUE QUIERE TRABAJAR	¿QUE TAN IMPORTANTE ES QUE USTED CAMBIE? Escala del 1 – 10: 1 = nada importante, 10 = muy importante	EXPLICAR EN SUS PROPIAS PALABRAS POR QUE ES IMPORTANTE EL CAMBIO PARA USTED
1.	Circular su puntaje: 1 2 3 4 5 6 7 8 9 10	
2.	Circular su puntaje: 1 2 3 4 5 6 7 8 9 10	
3.	Circular su puntaje: 1 2 3 4 5 6 7 8 9 10	

Paso 4: Establecer metas SMART para cada uno de los tres recursos en su lista. Antes de enlistar sus metas, referirse al trabajo de grupo sobre cómo construir recursos. También encontrará algunas ideas en los modelos mentales. Es muy *importante* que usted fije bien sus metas. Las metas SMART son: Específicas, Mensurables, Alcanzables, Realistas y Específicas en tiempo. Primero utilizar una hoja de trabajo para colocar estas metas. Una vez que las tenga exactamente como quiere, escribirlas en el espacio en la página siguiente.

Recurso: Apoyo Social
META: Dentro de un año tendré más capital social. Formaré parte de dos grupos u organizaciones donde encontraré contacto regular (al menos mensual) con personas diversas, positivas.
Revisar que cumplan con los lineamientos SMART: Hacer una marca en cada cuadro, que cumpla con los lineamientos SMART para cada meta. Obtener retroalimentación de otra persona por lo menos, que asegure que es una meta SMART.
❏ Específica   ❏ Mensurable   ❏ Alcanzable   ❏ Realista   ❏ Específica en tiempo

Ejemplo...

Veamos si este ejemplo cumple con los lineamientos de una meta SMART: ¿Es específica? Sí, se trata de construir un capital de enlace. ¿Es mensurable? Sí, esta persona pertenecerá a dos grupos y tendrá contacto mensual. ¿Es alcanzable? La respuesta a esto no es tan obvia. Tendríamos que conocer más acerca de la persona que traza esta meta, pero digamos que la mayoría de las personas podrían encontrar el tiempo para pertenecer a dos grupos si fuera algo importante para ellos. ¿Es realista? La respuesta a esto se acerca a la de la pregunta sobre lo alcanzable. ¿Es específica en tiempo? Si, debe realizarse en un año.

Recurso:

META:

Revisar que cumplan con los lineamientos SMART: Hacer una marca en cada cuadro que cumple con los lineamientos SMART para una meta. Obtener retroalimentación de otra persona por lo menos, que asegure que es una meta SMART.

❏ Específica ❏ Mensurable ❏ Alcanzable ❏ Realista ❏ Específica en tiempo

---

Recurso:

META:

Revisar que cumpla con los lineamientos SMART: Hacer una marca en cada cuadro que cumpla con los lineamientos SMART para una meta. Obtener retroalimentación de otra persona por lo menos, que asegure que es una meta SMART.

❏ Específica ❏ Mensurable ❏ Alcanzable ❏ Realista ❏ Específica en tiempo

---

Recurso:

META:

Revisar que cumplan con los lineamientos SMART: Hacer una marca en cada cuadro que cumple con los lineamientos SMART para una meta. Obtener retroalimentación de otra persona por lo menos, que asegure que es una meta SMART.

❏ Específica ❏ Mensurable ❏ Alcanzable ❏ Realista ❏ Específica en tiempo

Paso 5: *Formular los pasos del proceso para cada meta. Escribir la meta en el espacio de arriba. Colocar los pasos en orden, primero lo primero. Identificar las reglas ocultas que cree tener que ocupar. Finalmente, analizar cuanto tiempo le tomará realizar cada paso y elegir una fecha de inicio para cada uno.*

Ejemplo...

META: Dentro de un año tendré más capital social. Formaré parte de dos grupos u organizaciones donde encontraré contacto regular (al menos mensual) con personas diversas, positivas.		
PASOS:	**Reglas Ocultas**	**Fecha de Inicio**
1. Hacer una lista de las cosas que le interesen o los asuntos comunitarios que le gustaría resolver.	<u>Fuerza impulsora:</u> clase media = trabajo y logros.	Hoy
2. Encontrar organizaciones que trabajen con esos asuntos e intereses.	<u>Lenguaje:</u> Registros casuales y formales, lenguaje para negociar.	Hoy
3. Hacer contacto, ya sea cara a cara, vía telefónica, por correo, o por correo electrónico, con cinco organizaciones.	<u>Tiempo:</u> clase media = tenga en mente el futuro, sea puntual y confiable.	Mañana
4. Acudir a reuniones y conozca a la gente de cinco organizaciones.	<u>Personalidad:</u> pobreza = entretenimiento y humor; clase media = estabilidad y desempeño.	Dentro de dos semanas
5. Registrarse o pertenecer a dos de ellas.		Dentro de ocho semanas para uno, doce semanas para los otros.
6. Acudir a las reuniones e involúcrese de manera regular.		

META:		
PASOS:	**Reglas Ocultas**	**Fecha de Inicio**
1.		
2.		
3.		
4.		
5.		

META:		
PASOS: 1. 2. 3. 4. 5.	Reglas Ocultas	Fecha de Inicio

META:		
PASOS: 1. 2. 3. 4. 5.	Reglas Ocultas	Fecha de Inicio

Paso 6: *Hacer una lista de dónde encontrará apoyo. Cuando comenzamos a hacer cambios casi siempre necesitamos la ayuda de otras personas, grupos, organizaciones y agencias. Hacer una lista para cada meta.*

Ejemplo...

META:	Dónde Obtener Ayuda
1. Apoyo Social	1. Para ideas sobre intereses: amigos, familia, personas con conexiones, periódicos, biblioteca, Internet.
	2. Para ideas sobre organizaciones y grupos: periódicos, biblioteca, Internet, lista de agencias, listas de la cámara de comercio y directorio telefónico. Hablar con personas fuera de mi círculo de conocidos.
	3. Para la primera reunión: Encontrar a alguien que ya esté conectado o un miembro del grupo para ir con él o ella.
	4. Si no conozco a nadie, le puedo pedir a alguien que me comente acerca de qué debo esperar.
	ANOTACION: Repasar las ideas que el grupo creó sobre cómo construir el apoyo social.

META:	Dónde obtener Ayuda
1.	
2.	
3.	

PASO 7: Plan semanal. Colocar los pasos de acción que debe tomar en un plan semanal.

Ejemplo...

Meta 1:

Dom	Lun	Mar	Miér	Jue	Vier	Sab
Leer el periódico, hablar con amigos y familiares, revisar el directorio telefónico.	Cámara de comercio, lista de agencias, biblioteca, hacer lista de intereses y organizaciones.	Hacer contacto con dos personas.	Hacer contacto con tres personas.	Investigar intereses y organizaciones para ver las expectativas.	Hablar con amigos positivos, gente que apoya mis cambios.	Hablar con amigos positivos, gente que apoye mis cambios. Preparar los planes para la siguiente semana.

Meta 1:

Dom	Lun	Mar	Miér	Jue	Vier	Sab

Meta 2:

Dom	Lun	Mar	Miér	Jue	Vier	Sab

Meta 3:						
Dom	Lun	Mar	Miér	Jue	Vier	Sab

Paso 8: *Planeación diaria. En una ficha de 3 x 5, escribir todo lo que va a hacer el día de hoy. Llevarla con usted y marcar cada punto a medida que lo realiza.*

Paso 9: *Crear planes de reserva para cuando las cosas van mal. Es muy fácil regresar a las viejas maneras de ser. A veces hacemos grandes planes para el cambio pero dejamos la puerta trasera abierta para escapar por si se pone dura la situación. Tenemos que cerrar las puertas traseras para apegarnos a nuestros planes.*

Ejemplo...

Puertas Traseras	Cómo Cerrarlas
1. Si las cosas no salen bien, puedo dejarlo. (Siempre es más fácil darse por vencido que seguir intentando).	1. Reconocer que está a punto de salir por esa puerta trasera. 2. Decirse a sí mismo que usted puede lograrlo. Esperar unos minutos y dejar pasar el sentimiento negativo. 3. Hablar con alguien que apoya lo que usted está haciendo. Tener a la mano su número telefónico y decirle de antemano que su labor es darle ánimo cuando las cosas están difíciles. Mantener el sentido del humor al dar esta "orden" pero sea firme.
2. Lo haré mañana. Tengo muchas cosas pendientes para hoy. Lo voy a dejar pasar.	1. Reconocer el pensamiento negativo. 2. Llamar a su amigo. 3. Decirse a sí mismo que nada podrá detenerlo para hacer una o las dos cosas pendientes en su lista diaria.
3. Si las personas a mi alrededor no coperan, no podré lograrlo.	1. Reconocer la forma de pensar de "puerta trasera". 2. Hacer una lista de personas que apoyan sus cambios y mantenerse en contacto con ellas. 3. Tener más de un plan para lograr las cosas. Si la persona A no le ayuda, tener lista a la persona B. Si el plan A falla, tener listo el plan B.

Puertas Traseras	Cómo Cerrarlas

Paso 10: Es hora de reunir el equipo que le brindará apoyo durante el tiempo que se tome construir sus recursos. El modelo mental siguiente de "Apoyo para el cambio" le ayudará a elegir su equipo.

1. Utilizar una hoja completa de papel para hacer un modelo mental similar al que está en la página siguiente.

2. En la parte superior de la hoja poner el nombre del recurso que va a construir.

3. Poner su nombre en el centro del círculo.

4. Pensar en personas que saldrán afectadas por los cambios que usted haga: hijos, familia, amigos, empleadores, etc. Estas son personas que tienen cierta influencia en su vida y a quienes usted influencia. Para refrescar sus ideas, regresar a los modelos mentales que ha hecho. Hacer un círculo para cada persona y poner su nombre adentro.

5. Utilizando un lápiz o una pluma, dibujar una línea entre cada persona y usted. Entre más apoyo le brinden, la línea debe ser más gruesa. Por ejemplo, si la persona le ofrece un apoyo total y le ayuda activamente a hacer el cambio, dibujar una línea gruesa. Si el apoyo está presente a medias o muy débil, dibujar una línea delgada o rayada. Si la persona se opone a su cambio y actúa en su contra, dejarlo en blanco o dibujar una flecha en dirección opuesta a usted.

6. Ahora, comenzar a seleccionar los miembros de su equipo de apoyo. Escribir sus nombres. ¿Podrá este equipo brindarle todo el apoyo que usted necesita para construir sus recursos? Recordar que puede tomar un tiempo estabilizar su situación y construir sus recursos. Si este equipo no le puede brindar todo el apoyo que usted necesita, ¿a quién más podría agregar? Escribir los nombres de las personas que tiene que contactar.

7. Compartir su plan con las personas que seleccionó y pedirles su apoyo.

MODELO MENTAL DE APOYO PARA EL CAMBIO

"Voy a construir mis recursos _____".

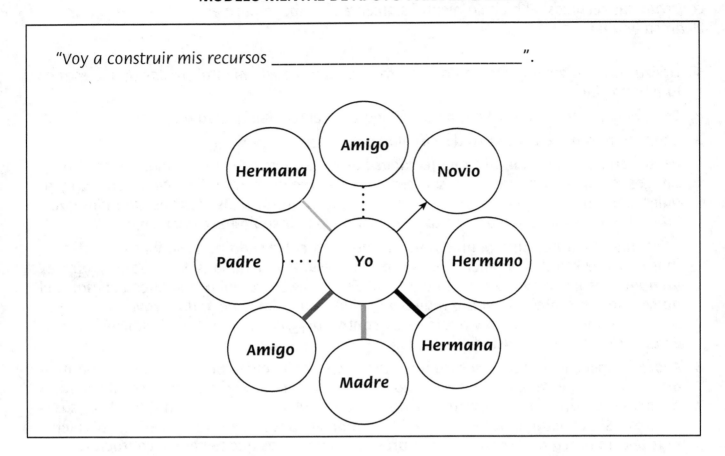

EQUIPO DE APOYO

Equipo Actual

Personas para Enlistar

_____

_____

_____

_____

_____

_____

_____

_____

En el espacio siguiente, escribir o dibujar sus pensamientos, ideas o sentimientos sobre su camino personal fuera de la pobreza.

REFLEXIONES REFLEXIONES REFLEXIONES REFLEXIONES REFLEXIONES

NUEVO NUEVO NUEVO NUEVO NUEVO **VOCABULARIO** NUEVO NUEVO NUEVO NUEVO NUEVO

Palabras

Significados

_____   _____

_____   _____

_____   _____

_____   _____

_____   _____

_____   _____

_____   _____

_____   _____

MODULO 12

Crear Modelos Mentales para su Camino Personal Fuera de la Pobreza y para la Prosperidad Comunitaria

RESPONSABILIDAD

Objetivos del Aprendizaje

QUE CUBRE

Usted podrá:

Crear un modelo mental de su plan para salir de la pobreza.

Crear un modelo mental para la prosperidad de la comunidad.

POR QUE ES IMPORTANTE

Los modelos mentales nos ayudan a mantener nuestras ideas en mente para que podamos tomar buenas decisiones y monitorear nuestro progreso.

Un modelo mental para la prosperidad de la comunidad nos convierte en gente que resuelve problemas en la misma. Podemos contribuir a mejorar la vida para todos.

COMO SE RELACIONA CON USTED

Comenzamos este libro de trabajo al hacer un modelo mental sobre la pobreza, sobre lo que significa estar atrapado en la tiranía de sobrevivir.

Los modelos mentales que crearemos ahora son sobre adquirir responsabilidad para nosotros y para nuestra comunidad. Tenemos el poder de hacer algo por nuestra situación y podemos ayudar a resolver problemas en nuestros sistemas que generan la pobreza.

ACTIVIDAD

Actividad: Crear un modelo mental para nuestro camino personal fuera de la pobreza

Tiempo: 60 minutos

Materiales: Hojas de trabajo, modelos mentales

Procedimiento:
1) Repasar los modelos mentales que ya hizo y piense sobre lo que ha avanzado. Pensar sobre la historia del futuro que tenía antes y la historia del futuro que está creando.
2) Ver los planes que acaba de hacer, las metas y planes de acción, las personas que lo apoyarán y el trabajo que se avecina.
3) Tomando en cuenta esto, pensar en la manera de dibujar un modelo mental o escribir una historia sobre los cambios que ya están sucediendo y los que continuarán sucediendo.
4) Compartir su modelo mental con otros. ¿Cuántas veces hemos notado que mejora nuestro pensamiento al construir sobre las ideas de otros? Obtener ideas de otros modelos para utilizar en su modelo mental.

DISCUSION

1. Cuando repasa todas las investigaciones que hemos hecho, ¿qué destaca como lo más importante para usted?

2. Cuando piensa sobre lo que costó crear su propio camino fuera de la pobreza, ¿qué aprendió de usted mismo?

3. ¿Dónde se encuentra ahora en relación a las etapas del cambio?

4. ¿Cuándo se motivó para cambiar?

5. ¿Qué cambios ya han sucedido en su forma de pensar y actuar?

En el espacio siguiente, escribir o dibujar sus pensamientos, ideas o sentimientos sobre sus planes para la construcción de sus propios recursos.

REFLEXIONES REFLEXIONES REFLEXIONES REFLEXIONES REFLEXIONES

MODELO MENTAL PARA LA PROSPERIDAD DE LA COMUNIDAD

Actividad: *Crear un modelo mental para la prosperidad de la comunidad*

Tiempo: *45 minutos*

Materiales: *Papel para graficar, marcadores*

Procedimiento:

1) *Tener una discusión de grupo sobre la diferencia entre tomar responsabilidad para resolver sus propios problemas (como tomar acción para construir sus propios recursos) y tomar responsabilidad para soluciones comunitarias en la lucha contra la pobreza. A menudo hemos dicho que la pobreza abarca más que las decisiones de los pobres. Si hacemos que la comunidad sea responsable de crear un amplio rango de estrategias para luchar contra la pobreza, podemos ayudar a nuestra comunidad a realizarlo. Ahora que nos estamos haciendo responsables de nuestras propias decisiones es hora de considerar como podemos resolver problemas en la comunidad.*

2) *Discutir sobre el significado de tener prosperidad y seguridad económica para todas las personas. ¿Qué tendría que pasar para que sucediera? Repasar la información sobre la brecha de la riqueza y su investigación sobre la pobreza. ¿Qué estrategias se necesitan? ¿Cómo podemos contribuir para que la comunidad trabaje en esas estrategias?*

3) *Hacer una lista de las ideas generadas por el grupo.*

4) *Trabajar juntos en un modelo mental.*

5) *Decidir como compartir este modelo mental y sus ideas con la comunidad.*

DISCUSION

1. ¿El modelo mental para prosperidad comunitaria incluyó estrategias de las cuatro áreas de investigación sobre las causas de la pobreza?

2. ¿Ha cambiado su actitud hacia la comunidad desde el inicio de este libro de trabajo? ¿Cómo?

3. ¿Ha cambiado su actitud hacia la clase media? ¿Hacia la riqueza? ¿De qué manera?

4. ¿Cómo podríamos construir sociedades con gente de otras clases económicas?

5. ¿Cómo piensa de usted mismo ahora que ha contribuido con ideas para mejorar la comunidad?

En el espació siguiente escribir o dibujar sus pensamientos, ideas y sueños
sobre la prosrevidad de la comunidad

REFLEXIONES REFLEXIONES REFLEXIONES REFLEXIONES REFLEXIONES

NUEVO NUEVO NUEVO NUEVO NUEVO **VOCABULARIO** NUEVO NUEVO NUEVO NUEVO NUEVO

Palabras	Significados

MODULO 13

Clausura y Transición

A lo largo de estas semanas, a menudo hemos dicho, "¿Dónde se encuentra usted dentro de las etapas del cambio?" Esperamos que todos estemos en la etapa de la acción para este punto. Puede ser que usted ya haya comenzado la acción pero si no lo ha hecho, es hora de iniciar oficialmente la fase de acción.

También ahora es el momento de celebrar y agradecer a los que participaron en el desarrollo de su plan. Tome unos momentos para agradecer a todos.

¡Felicitaciones!

¡Sabemos que los modelos mentales y planes que ha realizado le funcionarán!

En el espacio siguiente, exprese
(por medio de dibujos, palabras, o ambos) como se siente ahora.

ᴚƎⅎ⅃ƎXIOИƎƧ REFLEXIONES ᴚƎⅎ⅃ƎXIOИƎƧ REFLEXIONES ᴚƎⅎ⅃ƎXIOИƎƧ

MODULO 14

Adónde ir para construir recursos personales y comunitarios

Recursos Personales

Empowerment:
A Course in Personal Empowerment
2001 Twin Cities RISE!
800 Washington Ave. N., Suite 203
Minneapolis, MN 55401
(612) 338-0295
Build your emotional resources by taking this 15-week course with a facilitator.

National Community Reinvestment Coalition (NCRC)
733 15th St., NW, Suite 540
Washington, DC 20005
(202) 628-8866
www.ncrc.org/cra/how2usecra.html
Here is information on how to work with your local banks to provide services to all sectors of the community.

Professional Development and Its Practical Applications
Designed and developed by Optimal Employment & Consulting
31 E. First St., Dayton, OH 45402
(937) 223-8084
This is a student-friendly, organized approach to the world of job hunting, résumé writing, interviewing, and personal skill development.

Realizing the American Dream:
A Workbook for Homebuyers
Kevin McQueen, Deborah Schneider, and Alison Thresher, First Edition; Laurie Maggiano, Second Edition
Neighborhood Reinvestment Corporation
1325 G St., NW, Suite 800
Washington, DC 20005-3100
(202) 376-2400
(800) 438-5547
www.nw.org nrti@nw.org
This workbook has all the information a person could need to buy a house.

Wisconsin Literacy
Wisconsin Technical College System
310 Price Place
P.O. Box 7874
Madison, WI 53707-7874
www.board.tec.wi.us

Anti-Predatory Lending Toolkit
National Community Reinvestment Coalition
  (NCRC)
733 15th St., NW, Suite 540
Washington, DC 20005
(202) 628-8866
www.NCRC.org

**Building Communities from the Inside Out:
  A Path Toward Finding and Mobilizing a
  Community's Assets**
John P. Kretzmann, John L. McKnight
The Asset-Based Community Development
  Institute
ACTA Publications
4848 N. Clark St.
Chicago, IL 60640
(800) 397-2282
www.northwestern.edu/ipr/people/mcknight.html

Economic Policy Institute
Research and Ideas for Working People
www.epinet.org
**Here is information on living wage ordinances,
minimum wage, budgets, retirement security,
Social Security, unemployment, and insurance.**

**The Growing Divide: Inequality and the Roots
  of Economic Insecurity**
United for a Fair Economy
37 Temple Place, Second Floor
Boston, MA 02111
(617) 423-2148
info@faireconomy.org
www.faireconomy.org

Salarios, trabajos, vivienda, hambre y acción comunitaria

www.acorn.org
*ACORN (Asociación para Organización
  comunitaria para reforma ahora)*
La organización comunitaria más grande de
los Estados Unidos de familias de ingresos bajos
y moderados; información sobre préstamos
predatorios, vivienda asequible, salario digno,
reinversión en la comunidad, servicios públicos.

www.bettercommunities.org
*Red para la construcción de mejores comuni-
  dades*
Centro de referencia para la construcción de
comunidades incluyentes y vivienda asequible.

www.dosomething.org
Do Something. (Haga algo)
Para la gente joven que desee tomar acción
comunitaria

www.jwj.org
Trabajos con justicia
Mejorando el estándar de vida de la gente trabajadora, trabajos con justicia está en 40 ciudades y 29 estados.

www.nicwj.org
*Comunidad Nacional Interfé para Justicia al
  trabajador.*
Información acerca de salarios, cuidado de
niños, etc.

www.hlihc.org
*Coalición Nacional de vivienda para bajos
  recursos*
Dedicada a terminar la crisis de América de vivienda asequible. Información en todos los otros
tópicos relacionados.

Salarios, trabajos, vivienda, hambre y acción comunitaria (continúa)

www.oxfamamerica.org
Oxfam America
Soluciones a largo plazo para la pobreza, hambre, injusticia social; eliminación de las causas originales de las desigualdades sociales y económicas por medio del reto a las barreras estructurales.

www.ufenet.org
Unidos para una economía justa
Unidos para una economía justa es una organización nacional, independiente, no partidista, sin fines lucrativos 501(c)3. UFE aumenta la conciencia de que la riqueza y el poder concentrados minan la economía, corrompen la democracia, aumentan la división racial y destrozan las comunidades dividiéndolas. UFE apoya y ayuda los movimientos de construcción social para una mayor igualdad.

www.welfareinfo.org
Red de información de asistencia pública
Investigación y artículos sobre asuntos de pobreza.

www.wihed.org
Instituto para mujeres para vivienda y desarrollo económico
Desarrollar proyectos innovadores de propiedad raíz y comunidades de apoyo que trabajan para las mujeres de bajos recursos y sus familia.

www.nw.org
Corporación de reinversión en vecindarios, los vecindarios funcionan.
Revitalizando vecindarios urbanos más viejos por medio de la movilización pública, privada y los recursos comunitarios a nivel de vecindario.

Construir Recursos

www.globalethics.org
Instituto global de ética.
Construir integridad y toma de decisiones éticas. Ofrece entrenamiento y currículo.

www.microenterpriseworks.org
Asociación de Oportunidades empresariales
Información que promueve las oportunidades empresariales para gente con acceso limitado.

www.ncrc.org
National Community Reinvestment Coalition
Estrategias que promueven acceso a capital y crédito, información sobre la Ley de Inversiones Comunitarias, compañas de educación financiera, depredadores, etcétera.

www.philosophyofliving.com
Psychology of Mind, Health Realization
Desarrollar recursos cognitivas y emocionales.

www.resiliency.com/htm/contents.htm
Resiliency In Action
Recursos de resistencia para jóvenes.

www.thrivenet.com
Thrivenet
Información y eslabones sobre resistencia, fortalecerse via adversidad.

MODULO 15

Lista de Lectura

Alexie, Sherman. (1993).
The Lone Ranger and Tonto Fistfight in Heaven.
New York, NY: HarperPerennial.

Bragg, Rick. (1998).
All Over but the Shoutin'.
New York, NY: Vintage Books.

Brouwer, Steve. (1998).
Sharing the Pie: A Citizen's Guide to Wealth and Power in America.
New York, NY: Henry Holt & Company, Inc.

Galeano, Eduardo. (1998).
Upside Down: A Primer for the Looking-Glass World.
New York, NY: Metropolitan Books.

Glasmeier, Amy K. (2006). ***An Atlas of Poverty in America: One Nation, Pulling Apart, 1960–2003.*** New York, NY: Routledge Taylor & Francis Group.

Hart, Betty, & Risley, Todd. (1995).
Meaningful Differences in the Everyday Experience of Young American Children.
Baltimore, MD: Paul H. Brookes

Publishing Co.
Hooks, Bell. (2000).
Where We Stand: Class Matters.
New York, NY: Routledge.

O'Connor, Alice. (2001).
Poverty Knowledge: Social Science, Social Policy, and the Poor in Twentieth-Century U.S. History.
Princeton, NJ: Princeton University Press.

Phillips, Kevin. (2002).
Wealth and Democracy: A Political History of the American Rich.
New York, NY: Broadway Books.

Putnam, Robert D. (2000).
Bowling Alone: The Collapse and Revival of American Community.
New York, NY: Simon & Schuster.

Shipler, David K. (2004). ***The Working Poor: Invisible in America.*** New York, NY: Alfred A. Knopf.

Upchurch, Carl. (1996).
Convicted in the Womb.
New York, NY: Bantam Books.

Abre ojos...

¿Interesado en obtener más información?

Lo invitamos a visitar nuestra página en internet, www.ahaprocess.com para agregarse a nuestro directorio de **aha!** News List!

¡Reciba sus estadísticas de ingreso y pobreza más recientes sin costo alguno al inscribirse! Luego reciba **aha!** News y actualizaciones periódicas.

También en la página de internet:

- Historias de éxito de nuestros participantes, desde escuelas, servicios sociales y negocios.
- ¡Tres talleres nuevos!
- Cuatro programas para Certificación de Entrenadores
- Listado actualizado de nuestros libros & videos
- Conveniente tienda en línea
- Fechas de gira nacional de la Dra. Ruby Payne
- Videoclip de la Dra. Payne
- Artículos noticiosos de todo el país

    Y mucho más en…

www.ahaprocess.com